//: Inteligencia artificial y cadena de suministro

MARGE BOOKS

//: Inteligencia artificial y cadena de suministro

Marc Busom Rodríguez

Ángel Caja Corral

José Luis Casal Castro

Javier Cortina Aurrecoechea

Carlos Hernández Barrueco

Eva Hernández Ramos

Cristina Peña Andrés

Blas Rivas Alejandro

Luis Socconini Pérez Gómez

Alberto Tundidor Díaz

Colección: CADENA DE SUMINISTRO
Director: David Soler

INTELIGENCIA ARTIFICIAL Y CADENA DE SUMINISTRO
1.ª edición, junio 2024

© los autores
© de esta edición, ICG Marge, SL

Edita: Marge Books
Brutau, 160 – 08203 Sabadell (Barcelona)
Tel. 931 429 486 – marge@margebooks.com
www.margebooks.com

Coordinación: Adrià Gibernau
Edición: Núria Gibert
Realización editorial: Mercedes Lara
Diseño cubierta: Damià Mathews
Impresión: Arteos Digital, S.L. (Barcelona)

ISBN edición impresa: 978-84-10238-20-6
ISBN edición digital: 978-84-10238-21-3
Depósito Legal: B 10703-2024

 El papel empleado en este libro no ha sido blanqueado con cloro elemental (CI_2).

Índice

Autorías

En esta edición han colaborado las siguientes firmas:

Marc Busom Rodríguez

Emprendedor y científico de datos. Cuenta con seis titulaciones académicas y ha dado conferencias en la Universidad de Barcelona sobre desarrollo tecnológico.

Ha desempeñado su actividad profesional como analista y científico de datos trabajando para empresas y clientes como el Fútbol Club Barcelona o Codelco, y en sectores tan variados como industria, farmacia o consultoría.

En 2021 cofundó la *startup* Wecaria Technologies, que emplea tecnologías como *big data,* inteligencia artificial, cadena de bloques e internet de las cosas para el sector de la movilidad, operando en distintas verticales: desde un SaaS para talleres y concesionarios hasta servicios para ciudades inteligentes y aseguradoras. Es autor de *Tecnologías para liderar el futuro,* galardonado con el Premio Logisnet 2023.

https://www.linkedin.com/in/marc-busom/

Ángel Caja Corral

Profesional con una amplia experiencia en operaciones y cadena de suministro en diversas multinacionales y sectores. Especializado en la estrategia de las operaciones y cadena de suministro y en su alineación con las expectativas del cliente.

Ha liderado transformaciones de la cadena de suministro hacia centros de creación de valor. Convencido de que las nuevas tecnologías son imprescindibles para ayudar a las cadenas de suministro al reto de la entrega de valor y la siempre compleja gestión de su *trade-off.*

Autor del libro *Manual de estrategia de operaciones,* publicado por Marge Books.

 https://www.linkedin.com/in/angelcaja/

José Luis Casal Castro

Experto en nuevos modelos de negocio. Lleva más de 20 años asesorando empresas en sus procesos de innovación, estrategia y transformación digital. Socio fundador de varios proyectos y miembro del consejo y junta asesora de empresas y *startups* tecnológicas, industria 4.0 y de una gestora de capital riesgo.

Profesor de nuevos modelos de negocio, estrategia y *marketing* en varias universidades y escuelas de negocio españolas e internacionales.

Su *newsletter,* betterbusinessforabetterworld.com, cuenta con más de 45.000 suscriptores. Ha sido nombrado *top voices* por LinkedIn, como referente en tecnología e innovación y, también, se le considera una de las cincuenta personas que más han influido en los negocios digitales en España.

 https://www.linkedin.com/in/jlcasal/

Javier Cortina Aurrecoechea

Licenciado en Ciencias Económicas y Empresariales por la Universidad de Deusto y ha completado el Executive Master in Digital Business de ESADE. Ha desarrollado la mayor parte de su carrera profesional como consultor en Accenture donde llegó a ejercer diversas responsabilidades a escala internacional. Javier fue gerente de Procesos y Sistemas de información en Pepsico España y entre 2017 y 2021, y formó parte del departamento central de Transformación de Negocio de Glencore.

A lo largo de su carrera ha recibido e impartido a su vez diversos cursos de liderazgo y gestión empresarial. Desde 2015 colabora como columnista en *Empresa XXI.* Actualmente es miembro del Consejo Asesor de Neurored y socio de Netmentora.

 https://www.linkedin.com/in/javiercortina/

Carlos Hernández Barrueco

Licenciado en Ciencias Políticas por la Universidad del País Vasco. Cursó el Máster en Dirección Logística Integral (CSG), estudios de Comisario de Averías (Colegio Oficial de la Marina Mercante) y posee otros títulos relacionados con la dirección logística integral, la calidad, la prevención de riesgos laborales (PRL) y el *management.*

Tras veinte años en el sector logístico en los que ha ocupado puestos de responsabilidad en empresas multinacionales, ejerce como profesor de logística y ha diseñado los campus virtuales *(e-learning)* de diversas escuelas de negocios.

Es una figura relevante en la educación 3.0, con el empleo de tecnologías como la realidad aumentada o simuladores, campo donde realizó el primer curso de aprendizaje en línea con Google Glass y Epson Moverio BT200.

 https://www.linkedin.com/in/carloshernadezbarrueco/

Eva Hernández Ramos

Abogada y divulgadora. Colaboradora de Aranzadi Ambiental, uniendo el derecho con la inteligencia artificial. Diplomada en Blockchain e inteligencia artificial por Centro de Estudios Garrigues y Consejo General de la Abogacía española.

Ha participado en la redacción de normativas de formación profesional y nuevas cualificaciones profesionales, adaptándolas a la inteligencia artificial aplicada al sector del transporte. Y es formadora en esta materia en escuelas de negocios y organizaciones.

 https://www.linkedin.com/in/evahernandezramos/

Cristina Peña Andrés

Ingeniero Superior Industrial por la Universidad Politécnica de Madrid, con MBA Internacional y más de veinte años de experiencia en puestos de dirección sénior global en multinacionales.

Fundadora y CEO de TuComex, empresa dedicada a la internacionalización, por la que ha recibido diferentes premios a la gestión empresarial, incluido el Premio Nacional Emprendedoras 2023 del Ayuntamiento de Madrid a la empresa de mayor potencial de crecimiento y proyección internacional.

Divulgadora en congresos internacionales y docente especializada en comercio internacional y cadena de suministro.

 https://www.linkedin.com/in/cristinapenaandres/

Blas Rivas Alejandro

Abogado en ejercicio desde 1990. Socio director del Despacho Nerus Abogados con sedes en Santiago de Compostela y Madrid. Está especializado en derecho mercantil e internacional, derecho bancario, así como también es un experto en derecho tecnológico. Ha asesorado jurídicamente en operaciones internacionales que afectan a más de treinta países.

Es presidente de la red internacional de abogados IURISGAL International Network of Law Firms y secretario general de INFEBEX (Federación internacional para la promoción de negocios y comercio exterior).

Ha impartido numerosas conferencias y ponencias sobre derecho empresarial, derecho tecnológico, procesal, bancario y derecho internacional y escrito artículos en diversos medios de comunicación y revistas especializadas.

 https://www.linkedin.com/in/blas-rivas-alejandro-04138b26/

Luis Socconini Pérez Gómez

Ingeniero Industrial por el ITESM, campus Guadalajara, México. Tiene una maestría en Calidad y Productividad y es Máster Black Belt. Está Certificado en Strategic Management por la Universidad de Stanford, en Leading

Product Innovation por la Universidad de Harvard y en Industry 4.0 por el Massachusetts Institute of Technology (MIT).

Como director de Lean Six Sigma Institute desarrolla proyectos de alto impacto en empresas como Abbott Laboratories, Kraft Heinz, Coca Cola, BMW, Bimbo y Fender, entre otras.

Desarrolla constantemente aplicaciones de productividad en sectores industriales diversos como la construcción, minería, agricultura, energía, así como en administraciones de gobierno y otros servicios.

 https://www.linkedin.com/in/socconini/

Alberto Tundidor Díaz

Ingeniero Químico por la Universidad Complutense de Madrid, máster en Relaciones Laborales. Como CTO y CIO en TuComex, empresa dedicada a la internacionalización, se encarga de la planificación, implementación y gestión de la tecnología de la información.

Consultor en el campo de la internacionalización y la digitalización.

Imparte formación sobre prevención de riesgos laborales, sistemas de calidad, comercio internacional y, en especial, sobre innovación y tecnología.

 https://www.linkedin.com/in/albertotundidordiaz/

Introducción

Este libro explora, de la mano de profesionales y expertos, las oportunidades, los desafíos y las potencialidades de la inteligencia artificial (IA) aplicada a la cadena de suministro. Sin embargo, no podemos confiar ciegamente en que la IA entre en nuestras empresas y optimice todos los procesos de la cadena de suministro como por arte de magia. Hay que preparar el contexto, entender cuáles son las prioridades y ser consciente de los factores que nos pueden ayudar a dar el salto a la cadena de suministro inteligente o, por el contrario, controlar aquellos que pueden dinamitar su implementación.

Para ello, esta obra de autoría colectiva arranca con un capítulo, a cargo de Marc Busom, emprendedor y científico de datos, que nos ayuda a conceptualizar la IA, cómo funciona –y, sobre todo, cómo aprende–, sus límites e implicaciones éticas y qué futuro nos espera.

En el conjunto de una organización es necesario cultivar día a día una cultura de la mejora continua. Es por eso que, en el segundo capítulo, de la mano de Luis Socconini, director del Lean Six Sigma Institute, se exploran las complejidades de buscar la calidad total en la gestión y establecer como horizonte la perfección. En un mundo tecnológico que duplica sus capacidades cada dos años, la misma noción de perfección va a ir evolucionando, inevitablemente, con el tiempo. Y aunque sea frustrante, porque esto parece invalidar cualquier previsión posible, hay que estar siempre alerta para poder dibujar, junto con las transformaciones del ambiente, aquello que es perfecto.

En el tercer capítulo, y partiendo de este escenario de incertidumbre definido como VUCA –acrónimo que se utiliza para describir entornos volátiles, con alta incertidumbre, complejos y ambiguos–, Javier Cortina, consultor especializado en sistemas de gestión de la cadena de suministro, nos adentra en el complejo y siempre cambiante mundo de la previsión de la demanda. Y es que, aunque pareciera que es una tarea fácil para una IA, predecir la demanda requiere unos datos muy sensibles que no son nada fáciles de discernir.

En el cuarto capítulo, Ángel Caja, consultor en operaciones y cadena de suministro, profundiza sobre los aspectos más operativos de la aplicación de la IA, dando especial importancia a los procesos de compra, recepción y producción de productos.

Las cuestiones de logística y transporte son analizadas en el quinto capítulo por Carlos Hernández Barrueco y Eva Hernández Ramos, consultores y formadores en logística. Ellos examinan en detalle la implementación y las potencialidades de la IA en los vehículos comerciales, en la gestión y la contratación del transporte y en los almacenes.

Sin embargo, es sabido que por mucho que estos procesos sean impolutos, una empresa no funciona si no puede llegar a sus clientes. Y este proceso, también se puede optimizar con la IA. En el sexto capítulo descubrimos cómo hacerlo, de la mano de José Luis Casal, reconocido por LinkedIn como una *top voice* en innovación; para este asesor de empresas en procesos de innovación y transformación digital, el pensamiento estratégico es la herramienta clave para afrontar críticamente problemas empresariales complejos, alinear nuestros razonamientos con los objetivos corporativos y planificar hacia el futuro.

En el séptimo capítulo se explora cómo ampliar fronteras y optimizar la gestión del comercio internacional con IA, a cargo de Cristina

Peña y Alberto Tundidor, CEO y CTO de TuComex, respectivamente, quienes profundizan en cuestiones como la comunicación o la investigación de mercados internacionales.

Finalmente, a modo de cierre, dedicamos un capítulo a las imprescindibles regulaciones legales que puede traer consigo la IA, de la mano de Blas Rivas, abogado y presidente de IURISGAL, red internacional de despachos de abogados independientes. Se revisan los posibles entresijos de la IA desde una perspectiva jurídica, las regulaciones que ya han implementado algunos países, como la ley de IA de la Unión Europea de marzo de 2024, y el autor nos plantea según qué criterios se debe actuar y legislar.

Y es que es esencial lograr un consenso global en las regulaciones de la IA, especialmente en áreas internacionales como la cadena de suministro. Una cierta estandarización internacional podría promover un uso responsable y socialmente evaluado de la IA, y la aspiración a lograr interoperabilidad en la gobernanza de la IA requerirá mecanismos para reconocer certificaciones y procesos de un país en otro. Esta colaboración entre diferentes agentes es fundamental para abordar la complejidad de regular la IA y promover su uso responsable en todo el mundo.

//: Inteligencia artificial y cadena de suministro

1
Hacia una cadena de suministro inteligente

Marc Busom Rodríguez
Emprendedor y científico de datos

Si saliéramos a la calle a preguntar qué es la inteligencia artificial (IA), la variedad de respuestas sería inmensa. Seguramente, HAL9000, Alexa, ChatGPT, Skynet o bots que compran y venden acciones en la bolsa estarían entre las respuestas más frecuentes. Y, desde luego, en algunos casos estarían en lo cierto; en otros, sin embargo, no.

Qué es la inteligencia artificial

Describir qué es la IA no es tarea fácil. Y es que la definición de esta herramienta, que parece haber llegado para quedarse, puede variar mucho en función de con quién hablemos. En este libro vamos a ser cautos con el término. No porque dudemos de su potencial alcance sino más bien al contrario; porque estamos convencidos de que la IA aún tiene mucho camino por recorrer. Y, ante esa incerteza, resulta necesario mantener el abanico de posibilidades lo más abierto posible. De ese modo, cuando hablamos de IA nos referimos a la capacidad de una máquina de realizar una tarea que, por regla general, requiere una inteligencia humana. Y ojo, que aquí el término *inteligencia humana* no es trivial.

Consideremos una máquina que pone tornillos como lo haría un ser humano en una cadena de montaje: ¿tiene IA? Depende de la complejidad de la tarea, claro está. No es lo mismo poner el mismo tipo de tornillo, una y otra vez, en lo que serán las patas de una mesa que llenar de remaches de distintos tamaños y materiales un barco transatlántico. Pero si vamos a lo más elemental de la acción, lo más probable es que no haya IA operando detrás de la máquina porque, simplemente, no es necesario hacer un uso intensivo de ningún tipo de inteligencia para poner tornillos en una cadena de montaje. Es un trabajo que comúnmente llamamos «mecánico», no intelectivo.

Sin embargo, evaluar el riesgo al comprar una acción en la bolsa y venderla en el mejor momento para aumentar una ganancia sí requiere inteligencia humana. Predecir el valor de un bien inmueble, encontrar piscinas no declaradas en las ciudades mediante imágenes satelitales o determinar la probabilidad de que un asegurado sufra un accidente el próximo año, son acciones que necesitan inteligencia o, por lo menos, un aprendizaje.

Incluso el mero hecho de hablar o escribir requiere inteligencia humana, de ahí que consideremos que algo tan complejo como Bard o como ChatGPT sea, desde luego, inteligencia artificial. Porque entre varias opciones *(inter)* se escoge *(legere)* una de ellas. O, en palabras del catedrático en Psicología, Antonio Andrés-Pueyo, la inteligencia se entiende como la «capacidad de procesar la información del ambiente, de manera que se pueda razonar, resolver problemas y tomar decisiones».

Todos estos ejemplos tienen, además, otro elemento en común: no solo precisan la capacidad de razonar, sino que también necesitan adquirir nuevos conocimientos. Y es que el aprendizaje es, a fin de cuentas, lo que hace posible la IA: aprender mediante la entrada de datos, datos y más datos. No en vano, los datos son el verdadero petróleo del siglo XXI.

Así, la IA necesita datos que, tras ser procesados por complejos algoritmos y modelos matemáticos, le permitan realizar acciones o tareas que una máquina *tonta* que está programada para hacer una tarea mecánica es incapaz de llevar a cabo.

Esta diferenciación nos ayuda a ver con más claridad qué es inteligencia artificial y qué no, aunque a veces, el hecho de discernir entre apariencia y realidad puede parecer, desde el punto de vista de una persona usuaria, una tarea harto compleja. Veámoslo con el ejemplo del cuadro 1.1.

Sin lugar a dudas, llegar hasta este punto no ha sido fácil ni rápido. El ser humano lleva soñando con la idea de una inteligencia artificial desde hace siglos. Miles de años, de hecho, y para ello basta con fijarnos en el mito de Talos, en el que un gigante de bronce, protector de la Creta minoica, tiene el honor de ser el primer autómata de la historia.

Sin embargo, tenemos que dar un salto de más de 2500 años para encontrar una de las primeras personas que se preguntó, en su particular paso del mito al logos, si las máquinas podrían pensar algún día. Se trata de Alan Turing, un genio matemático del siglo pasado y pionero de la informática. Nacido en 1912 en Reino Unido, Turing destacó por descifrar la máquina *Enigma* durante la Segunda Guerra Mundial, por ejemplo, consolidándose como el padre de la informática moderna y dejando contribuciones sustanciales en la matemática y la computación.

Como pionero en el ámbito de las computadoras, Turing mantuvo la convicción de que eventualmente las máquinas igualarían y superarían la capacidad computacional del cerebro humano, manifestando comportamientos inteligentes. De esta creencia surgió el test de Turing, una prueba destinada a determinar la inteligencia de las máquinas. Esta evaluación, que implica un tribunal de expertos haciendo preguntas a un ser humano y a una máquina a través de una interfaz, busca la incapacidad del tribunal para distinguir entre las respuestas humanas y las de la máquina. La superación de esta prueba ha sido tradicionalmente considerada como el umbral entre máquinas inteligentes y no inteligentes.

A lo largo de décadas, el test de Turing ha sido un referente en la investigación computacional mundial, guiando esfuerzos para cons-

Cuadro 1.1
El caso del robot aspirador

Pongamos un robot de los que barre el suelo de casa. El robot puede estar configurado para avanzar en línea recta hasta chocar con los objetos del hogar; al hacerlo, comienza a girar sobre sí mismo hasta encontrar un camino disponible, que seguirá hasta dar con otro obstáculo en su ruta. Eventualmente, quizá, terminará de barrer la casa, aunque tardaría mucho y lo más probable es que se dejase algunos rincones sin limpiar. Esto arruina completamente la experiencia del cliente, así que podemos añadirle algo más de complejidad haciendo que no solo cambie su rumbo cuando choque con un objeto, sino que pueda realizar trayectos con cambios de dirección para cubrir la mayor superficie posible al ir barriendo de un lado al otro.

A ojos de los propietarios del barrendero tecnológico, el robot aspirador estará haciendo un trabajo estupendo, le ahorrará traba-

truir ordenadores capaces de superar dicha evaluación. A pesar de las expectativas iniciales para la década de 2020, factores como la ley de rendimiento acelerado, la ley de Moore y otros elementos aún no completamente comprendidos han llevado a que la prueba haya sido superada en varias ocasiones desde 2014. Este fenómeno condujo a la revisión de la misma, incorporando parámetros más complejos que exigen capacidades computacionales más avanzadas.

En la actualidad, el desafío no solo radica en dotar de inteligencia a las máquinas, sino en desarrollar ordenadores con razonamiento inteligente en diversos ámbitos. La relevancia del test de Turing tras-

jo doméstico y le inspirará una falsa ilusión de ser verdaderamente una máquina dotada de IA.

Nada más lejos de la verdad. El robot tendrá unas cuantas órdenes programadas y las ejecutará, simple y llanamente; no será más que una máquina que cumple órdenes mecánicas; irá de un sitio a otro como pollo sin cabeza cumpliendo su propósito.

Estará barriendo, pero no estará *aprendiendo.* Y este es un matiz clave.

Veamos ahora un robot del mismo tipo, pero dotado con un sistema de inteligencia artificial. Esta máquina, con una programación mucho más compleja que la anterior, irá aprendiendo, con cada barrido, dónde hay obstáculos en la casa, memorizando progresivamente todo cuánto pueda. Aprenderá también en qué lugares de la casa suele haber más suciedad y también cuál es la ruta más eficiente para barrer la casa entera en el menor tiempo posible para no perturbar la siesta de sus dueños, además de ahorrar energía.

En ambos casos, el robot estará barriendo, sí. Pero lo importante aquí es que el segundo robot, al ejecutar su cometido, también estará aprendiendo cómo hacerlo cada vez mejor dadas las características y la distribución de esa casa en particular. Y esa es la verdadera IA.

ciende la mera anécdota; implica la inteligencia de una máquina y su capacidad de pensar, un concepto que en este contexto no es tan trivial como podría parecer. Desde hace tiempo, nos hemos habituado a que las máquinas realicen cálculos que nos parecen inalcanzables para los seres humanos. Quienes han estudiado matemáticas, ya sea en el colegio o la universidad, han recurrido a una calculadora, confiando quizás más en sus resultados que en sus propias operaciones con lápiz y papel. Esta confianza ha alimentado la creencia extendida de que las máquinas poseen una capacidad computacional superior a la humana, aunque esta noción no sea del todo precisa.

Porque, es cierto; los ordenadores más potentes del mundo, como el Frontier, una bestia de 600 millones de dólares y 1,1 exaFLOTS y más de 1.000.000.000.000.000.000 de operaciones por segundo, dotado de un sistema de 8,7 millones de núcleos y un consumo energético de 40 megavatios (equivalente a unos 30.000 hogares) es menos potente que el cerebro humano que te está permitiendo leer estas líneas. ¡Eh, y sin necesidad de refrigerar con ventiladores!

Pero esto, tarde o temprano, cambiará. Eventualmente, el procesamiento de una máquina alcanzará la paridad con el del ser humano, y será entonces cuando nos enfrentaremos a un momento de inflexión sin precedentes. Estamos hablando de inteligencias artificiales que adquieren consciencia de sí mismas, un fenómeno conocido en psicología como metacognición, dando lugar a la llamada inteligencia artificial general (IAG).

Cierto es que se requiere mucho más que capacidad de cálculo para crear una IAG, pero históricamente se ha asociado ambos hitos como pares. Por otro lado, aunque es prematuro anticipar lo que ocurrirá en ese instante, todo sugiere que este evento marcará el fin de la curva exponencial, indicando que el desarrollo tecnológico se adentrará en una trayectoria prácticamente vertical. En términos simples, resulta imposible prever las consecuencias. El cambio podría ser tan impactante como que para un neandertal, de repente, se encontrara en el Tokio del siglo XXI, siendo incapaz de comprender la magnitud de su entorno.

Pero no nos vayamos tan lejos y volvamos al tema que nos ocupa con un ejemplo como el del cuadro 1.2, sobre la partida de ajedrez más famosa de la historia.

La robótica, en su tórrida relación con la IA, ya está dando pasos hacia una integración más completa en nuestra vida cotidiana y laboral. A estas alturas todo el mundo tiene claro que el alcance de la IA no se queda en las mesas de expertos de Turing o en las partidas contra Kasparov. Los robots, que antes eran empleados ejemplares a tiempo completo pero relegados a tareas repetitivas y monótonas en ambientes controlados, están ascendiendo en la jerarquía laboral asumiendo roles más complejos y dinámicos. Con la IA, estos robots pueden adaptarse a entornos cambiantes, tomar decisiones autónomas y realizar tareas que requieren un nivel de destreza y cognición que antes era exclusivamente humano.

Estos desarrollos, si bien prometedores, también plantean preguntas críticas sobre ética, privacidad y la naturaleza del trabajo y la vida en una sociedad cada vez más automatizada. A medida que la IA se vuelve más integrada en nuestras vidas, la necesidad de marcos regulatorios y éticos se vuelve más apremiante.

Además, la IA tiene el potencial de amplificar tanto lo mejor como lo peor de nuestra sociedad. Puede ser una herramienta para abordar desafíos globales como el cambio climático y las desigualdades económicas, pero también puede exacerbar problemas de privacidad, sesgo y discriminación si no se gestiona adecuadamente.

¿Cómo funciona y cómo aprende la IA?

La tecnología avanza muy rápido. Resulta interesante plantear una cuestión que la llamada ley de Moore pone de manifiesto: la cantidad de transistores en un circuito integrado (en otras palabras, su potencia), se duplica cada dos años, aproximadamente, sin ver aumentado su costo. Es decir, la ley de Moore nos propone que no importa cuan-

Cuadro 1.2
El caso Kasparov vs. Deep Blue: neuronas contra bits

Uno de los hitos más destacados de los albores de la IA lo podemos ver en la década de 1990. Por aquel entonces el ajedrez representaba a la perfección las tensiones entre los dos modelos sociales, políticos y económicos de la Guerra Fría. Y que Estados Unidos o la Unión Soviética ganasen los torneos mundiales se consideraba más bien una cuestión de Estado que una mera anécdota deportiva.

En aquella época, aunque la URSS no pasara por su mejor momento en términos políticos, sí que mantenía su hegemonía en los tableros. El Gran Maestro soviético, Gary Kasparov, se había consagrado no solo como el mejor jugador de ajedrez del momento, sino como el más brillante de todos los tiempos, después de coronarse campeón mundial durante once años consecutivos. El único contrincante que podía hacerle un poco de sombra era su compatriota, Anatoly Karpov, de modo que la élite del ajedrez no parecía alejarse, a medio plazo, de tierras soviéticas. Sin embargo, Estados Unidos no había dicho su última palabra, y no tenía ninguna intención de ceder la corona a los soviéticos, por mucho que estos les derrotaran sistemáticamente. Así pues, en 1996, un nuevo contrincante irrumpía con fuerza en la escena ajedrecística: Deep Blue, el superordenador de IBM.

do estemos leyendo esto, que si hoy compramos un ordenador de mil euros dentro de dos años, el mismo producto nuevo sin estrenar costará la mitad. Y que, por entonces, una computadora de mil euros

El duelo no podía ser más simbólico; la humanidad, representada por su campeón más galardonado, se batía en duelo contra una máquina fría e impersonal. Neuronas contra bits. Cálida emoción contra frío silicio. Nervios contra cableado. Hicieron falta varias partidas para comprobarlo, pero finalmente, el 11 de mayo de 1997, la frialdad calculada de la máquina venció a Kasparov.

Pero batallas ajedrecístico-políticas al lado, lo importante aquí de aquel hecho es entender que Deep Blue no había memorizado todos los movimientos posibles de cualquier partida hipotética. No es que sea imposible; desde luego, con las capacidades actuales, una máquina es capaz de memorizar todas las posibles combinaciones. Sin embargo, operar de esta forma es altamente ineficiente. Solo con el tercer movimiento se abre un abanico de más de 121 millones de partidas posibles. Y eso, por mucha RAM de la que se disponga, se parece más al robot aspiradora que repite movimientos que al que aprende. El secreto de Deep Blue no residía en memorizar cualquier posible jugada correcta ante cualquier combinación de piezas, sino en haber aprendido a jugar de una forma y a un ritmo que ningún humano había sido, ni será jamás, capaz de hacerlo.

Aquel día, como un mazazo emocional, la inteligencia humana perdió en su propio terreno contra un ordenador capaz de pensar. Un hito que, para muchos, fue también una tremenda advertencia: ninguna actividad, ningún proceso creativo, intelectual o ejecutivo que pudiese hacer algún día un ser humano se salvaría eventualmente de ser superado, en términos de eficiencia, por una máquina.

será el doble de potente que la que acabamos de adquirir. Parece difícil de creer, porque jamás nadie ha visto que, en cuestión de dos años, un MacBook Pro cueste la mitad. Pero que las empresas quieran seguir sacando rendimiento económico a sus productos no está reñido con que la ley de Moore nos cuente la verdad del desarrollo tecnológico. Y es que esta duplicación de capacidades sin aumentar su costo de producción lleva cumpliéndose desde 1965. Lo curioso del caso es que se ha demostrado que el crecimiento exponencial de la tecnología no nació con los transistores, sino que es algo que se ha podido constatar con todo tipo de tecnologías desde los albores de la humanidad.

Pero eso no es todo. La llamada *ley de los rendimientos acelerados* propuesta por Raymond Kurzweil va un paso más allá y nos propone no solo que el desarrollo tecnológico tiene un crecimiento exponencial, sino que este se mantiene a lo largo del tiempo. Para que nos entendamos: cualquier curva exponencial tiende a estabilizarse; comienza con un ascenso lento, luego crece vertiginosamente y luego tiende a frenar su crecimiento hasta que se mantiene estable.

Curiosamente, con la tecnología sucede lo mismo: aparece una nueva tecnología (pongamos el VHS): al principio tiene un desarrollo lento y luego se experimenta una explosión; todo el mundo tiene un VHS y la tecnología se mejora cada vez más y más y se vuelve cada vez más barata… hasta que, finalmente, ya no se puede mejorar más. Se ha llegado al límite de sus capacidades o de sus optimizaciones. En este momento, la curva del desarrollo exponencial del VHS se estabilizaría. Sin embargo, llegado este momento, ya se ha desarrollado su tecnología sucesora (el DVD), que comenzará entonces un desarrollo lento, para luego crecer drásticamente en adopción y mejora, para luego estabilizarse al llegar al límite de sus capacidades. Y luego, aparece el Blue-Ray. Y así, sucesivamente.

Como vemos, cada tecnología tiene un desarrollo exponencial que tiende a estabilizarse, pero la tecnología, en términos generales, mantiene un crecimiento exponencial al ir encadenando tecnologías tras tecnologías que nacen, crecen y mueren. De esto nos habla la ley de los rendimientos acelerados, agregando, por cierto, más detalles interesantes. Por ejemplo, que este tipo de desarrollo no solo se aplica a las tecnologías de la información, sino a cualquier rama del conocimiento que se adhiera a ellas; desde la decodificación del genoma humano hasta la cura del cáncer. Todo se apoya en tecnologías anteriores que permiten ir dando saltos tecnológicos que se suceden cada vez más rápido. La vida del VHS fue mucho más larga que la del DVD, y la del DVD fue más rápida que la del Blue-Ray. Los saltos se dan en cada vez menos tiempo, lo que es en sí mismo una prueba de que el desarrollo tecnológico, en términos generales, está teniendo un crecimiento exponencial.

Por otro lado, la tecnología, cuánto más se desarrolla, más económica es. Deep Blue, sin ir más lejos, costó cientos de millones de dólares y actualmente no es más que un *software* gratuito al alcance de cualquiera. Esto es una verdadera suerte para una empresa que desee digitalizarse e integrar en sus procesos tecnologías de todo tipo, como la IA; cada vez es y será más económico, aunque esperar y demorar su implementación no sea en absoluto una buena idea; la competencia no espera.

Así es como la inteligencia artificial, siguiendo las premisas de Moore y Kurzweil, ha dado pasos gigantescos hacia una mayor complejidad, capacidad de aprendizaje y eficiencia. Su sofisticación ha llegado a tal punto que los modelos más potentes del mundo ni siquiera son comprendidos por los equipos que los han desarrollado. No es baladí el hecho de que para mejorar ChatGPT, OpenAI (su creadora) recurra al propio ChatGPT para comprender mejor su funcionamiento.

Aprendizaje automático

Las redes neuronales y el llamado *aprendizaje profundo* son ahora los instrumentos más potentes para el desarrollo de la IA. Sin embargo, el tipo de IA más empleada es el *aprendizaje automático,* que se encuentra presente en herramientas y labores enormemente distintas y variopintas.

Existen modelos de aprendizaje automático de varios tipos (supervisado, no supervisado y por refuerzo), y cada uno de ellos tiene unas ventajas u otras según el objetivo que queramos alcanzar. Pero, en cualquier caso, como todo lo relativo a la IA, requiere grandes cantidades de datos para entrenar un modelo, y a partir de ese aprendizaje, ejecutar una tarea, como analizar el mercado bursátil, conocer las preferencias de las personas consumidoras o encontrar la mejor ruta en tiempo real para una empresa transportista.

Sin embargo, hay más tipos de IA; desde los más simples, como los sistemas expertos o la IA basada en reglas hasta redes neuronales, procesadores del lenguaje (como el célebre ChatGPT) o la visión por computadora.

La IA es capaz de comprender nuestros chistes malos o de programar un viaje entero. De escribir historias románticas o de personalizar los anuncios para que se ajusten a las expectativas e intereses de los internautas.

Vemos, entonces, que IA no es una promesa del futuro; es una realidad palpable desde hace años (décadas, de hecho), pero es ahora cuando, como sociedad, nos estamos dando cuenta de que está presente en todas partes. Es una auténtica revolución, que está cambiando el mundo a un ritmo nunca visto.

Si cualquier tarea que requiera inteligencia puede ser realizada de manera más eficiente, rápida y fiable por una IA, podemos llegar a pensar que, en última instancia, puede reemplazar al ser humano en todas las actividades productivas. Y no solo eso, sino que puede llevar a cualquier proceso a niveles insospechados de optimización una vez ha alcanzado cierto punto de desarrollo o de entrenamiento.

Al reflexionar sobre la utilidad actual de la IA, nos encontramos ante un paradigma fascinante y en constante evolución. La IA, más allá de ser una mera extensión de la capacidad computacional existente, representa un salto cualitativo en cómo las máquinas interactúan con el mundo y procesan información.

La esencia de la IA radica en su capacidad para aislar, seleccionar, procesar y, en última instancia, aprender de los datos. Pero ese aprendizaje no es estático y repetitivo; es dinámico, adaptable y, en muchos sentidos, sorprendentemente similar al aprendizaje humano. Los sistemas de IA absorben información, detectan patrones, hacen inferencias y toman decisiones basadas en esos datos. A diferencia de la programación convencional, donde las respuestas son predefinidas, la IA tiene la habilidad de evolucionar su comprensión y reaccionar de formas nuevas y no programadas.

Este proceso de aprendizaje automático es lo que distingue a la IA y abre un abanico de posibilidades, porque permite optimizar su rendimiento a través de cada experiencia, mejorando continuamente en la realización de una tarea. Esta capacidad de automejora es fundamental para comprender su potencial disruptivo.

Además, la IA, en su estado actual (y es clave añadir un «por ahora») no posee comprensión o conciencia propia. Es decir, actúa dentro del marco de su programación y aprendizaje, lo que significa que la supervisión humana sigue siendo clave. Entrando en un ámbito más específico, el concepto de inteligencia artificial general representa un escalón significativamente más alto en el campo de la IA.

A diferencia de la IA actual, que se especializa en tareas específicas, la IAG aspira a replicar la versatilidad cognitiva humana; esto significa tener autoconciencia, tomar decisiones y no estar limitada por los parámetros de una programación previa. No hablamos de una IA pensada para resolver un problema concreto o ejecutar una tarea determinada, sino de crear una entidad consciente de sí misma que actúa, piensa y reflexiona como un ser humano. ¿Igual? Bueno, sí, solo que cientos, miles, millones y eventualmente billones de veces más rápido. Esto podría revolucionar campos como la medicina y la ingeniería, así como cualquier ciencia aplicada –y sí, las cadenas de suministro también–, abriendo posibilidades ilimitadas en innovación y resolución de problemas (cuadro 1.3).

No obstante, el desarrollo de la IAG plantea desafíos éticos sobre el control humano, asegurando que sus capacidades se adhieran a valores éticos. Además, su impacto en el empleo y la economía exige una reconsideración de sistemas y estructuras sociales para aprove-

Cuadro 1.3
Transformar la manera de interactuar

- En campos como la **medicina,** por ejemplo, la IA se convierte en una herramienta de valor incalculable, permitiendo un análisis profundo y detallado de datos complejos. La precisión y velocidad con la que la IA puede procesar y analizar información tienen el potencial de revolucionar la manera en que entendemos y abordamos el diagnóstico y tratamiento de enfermedades.

- En el ámbito del **comercio,** la IA abre un universo de personalización y eficiencia. La capacidad de analizar tendencias de consumo, patrones de comportamiento y preferencias individuales, transforma radicalmente la relación entre empresas y clientes,

char sus capacidades sin generar desigualdades económicas y desempleo. También se deben abordar preocupaciones sobre privacidad y seguridad, ya que la IAG podría representar riesgos significativos en el procesamiento masivo de datos. Sin embargo, por suerte o por desgracia, parece que la IAG aún queda lejos así que, por ahora, las decisiones tomadas por sistemas de IA deben ser evaluadas y gestionadas por humanos, especialmente en contextos donde las consecuencias pueden ser significativas. Es una herramienta tremendamente poderosa con un potencial enorme para transformar cómo interactuamos con el mundo. Nos encontramos en un momento

haciendo que cada interacción sea más relevante, personal y efectiva.

- La **agricultura,** sector vital y a menudo pasado por alto, también se beneficia enormemente de la IA. Aquí, la optimización de recursos, la predicción de patrones climáticos y el análisis del suelo pueden contribuir a una producción más eficiente y sostenible. La IA no solo mejora el rendimiento de los cultivos, sino que también apunta hacia un futuro de prácticas agrícolas más conscientes y respetuosas con el medio ambiente.

- En la **industria automotriz,** la incorporación de la IA no se limita a la creación de vehículos autónomos. Se trata de una revolución integral que incluye la mejora de la seguridad, la eficiencia y la experiencia de quien conduce. La IA en los automóviles representa un paso hacia un futuro donde la interacción entre el ser humano y la máquina es más fluida, intuitiva y segura.

histórico bisagra, en el que, aunque la IA ya está al alcance de todo el mundo aún son pocos los que se atreven a fiarse de ella. No en vano, se dice que quien domine las mejores inteligencias artificiales dominará el mundo.

La IA ofrece oportunidades para optimizar y mejorar procesos, pero también presenta desafíos que requieren una consideración cuidadosa. La forma en que elegimos desarrollar, implementar y controlar la IA definirá no solo el futuro de esta tecnología, sino también el futuro de nuestra sociedad y de cualquier sector económico o tecnológico.

La IA en la cadena de suministro

El impacto de la inteligencia artificial en la cadena de suministro es potencialmente muy disruptivo. Habiendo visto el ritmo del desarrollo tecnológico gracias a la ley de Moore y a la de rendimiento acelerado, así como el vertiginoso proceso evolutivo de la IA, no debería sorprender a nadie el hecho de que a lo largo de este siglo XXI la humanidad y la civilización cambien más de lo que lo han hecho durante los últimos 10.000 años.

La implementación de las herramientas de IA no solo permite optimizar los procesos de manufactura, transporte o almacenamiento, sino que, nos está situando en un escenario que está llamado a revolucionar la manera de entender los flujos de mercancías.

La exploración de los límites de la IA nos recuerda que, aunque esta tecnología es poderosa y prometedora, todavía estamos en las etapas iniciales de comprender y desarrollar su verdadero potencial. La IA no es una panacea para todos los desafíos, sino una herramienta que, utilizada sabiamente, puede complementar y amplificar las capacidades humanas.

Potencialidades de una cadena de suministro con la IA ocupando un espacio central

Viendo el panorama, es difícil no preguntarse en qué áreas puede tener un impacto la inteligencia artificial dentro de la cadena de suministro. Hay ventajas, desde luego que sí, y las hay de todo tipo, aunque aquí vamos a centrarnos en las económicas, las sociales y las medioambientales.

Ventajas económicas

Al considerar el impacto de la IA en el ámbito de la cadena de suministro, uno de los aspectos más destacados es su capacidad para generar ventajas económicas significativas. La IA, al ocupar un espacio central en la cadena de suministro, puede desencadenar una serie de mejoras que no solo optimizan los procesos, sino que también reducen costos y mejoran la toma de decisiones.

La automatización impulsada por la IA es uno de los factores clave en la reducción de costos. Al automatizar tareas repetitivas y procesos logísticos, la IA no solo acelera estas actividades, sino que también las realiza con una eficiencia y precisión que difícilmente podría ser igualada por los humanos. Esta automatización puede abarcar desde la clasificación y la gestión de inventarios hasta la preparación de pedidos, y su efecto directo es una disminución notable en los costos operativos. Además, la automatización reduce el margen de error humano, lo que a su vez minimiza los costos asociados a los errores y mejora la calidad general de los servicios.

En el ámbito de la toma de decisiones, la IA aporta un valor inestimable al procesar grandes cantidades de datos para extraer patrones relevantes. En la cadena de suministro, donde las decisiones deben tomarse con rapidez y basadas en información precisa, la capacidad de la IA para analizar datos en tiempo real se traduce en una mejor y más rápida toma de decisiones. Esto puede influir en aspectos críticos como la planificación de inventarios, la previsión de la demanda y la optimización de rutas de transporte, lo que resulta en una mayor eficiencia y reducción de costos.

La optimización de procesos es otra ventaja económica crucial de la IA en la cadena de suministro. Al analizar y comprender patrones complejos, la IA puede identificar áreas de mejora y sugerir cambios que aumenten la eficiencia. Esto puede incluir la optimización de rutas de suministro para reducir tiempos de entrega y costos de combustible, la mejora en la gestión de inventarios para evitar el exceso o la escasez de *stock*, y la personalización de la producción basada en patrones de demanda anticipados.

Estas ventajas económicas de la IA en la cadena de suministro se abordan en los siguientes capítulos. Con procesos más eficientes, tiempos de entrega reducidos y un servicio al cliente mejorado, la cadena de suministro se vuelve más ágil y capaz de responder a las necesidades del mercado de manera más efectiva.

La integración de la IA en la cadena de suministro es, por lo tanto, un paso hacia una mayor eficiencia, marcando un cambio significativo en cómo las empresas gestionan sus recursos y satisfacen las demandas de sus clientes.

Ventajas sociales

La integración de la IA en la cadena de suministro brinda también una serie de ventajas sociales cuyo impacto que va más allá de las métricas económicas. Sus implicaciones se extienden hasta aspectos fundamentales de nuestra vida cotidiana y laboral.

Una mejora notable en la calidad de los servicios es una de las primeras ventajas sociales que emergen. La precisión, eficiencia y capacidad de respuesta que la IA aporta a la cadena de suministro se traducen directamente en una mejor experiencia para el consumidor final. Esto no solo implica recibir productos más rápidamente, sino también disfrutar de una mayor precisión en los pedidos y un servicio al cliente más personalizado y efectivo.

Además, la creciente integración de la IA está generando un aumento en la demanda de profesionales especializados en el sector tecnológico. Este desarrollo ofrece oportunidades para la creación de nuevos empleos, particularmente en campos como la ciencia de datos, la ingeniería de *software* y el análisis de sistemas. A medida que la tecnología evoluciona, también lo hace la necesidad de habilidades especializadas para diseñar, implementar y mantener estos sistemas avanzados. Esto no solo crea empleos en el sector tecnológico, muy bien remunerados, por cierto, sino que también impulsa la formación en estas áreas, fomentando un crecimiento intelectual y profesional en sectores relacionados con la tecnología. Apostar por la formación en tecnología es siempre una inversión ganadora para cualquier sociedad que quiera prosperar de manera equilibrada.

Estas ventajas sociales reflejan cómo la integración de la IA en la cadena de suministro puede conducir a una sociedad más eficiente y orientada al futuro. Al mejorar la calidad de los servicios o crear nuevas oportunidades laborales, la IA tiene el potencial de influir positivamente en diversos aspectos de la vida social. Pero ¿hay más?

Desde luego; la humanidad no opera sola ni lo hace en un contexto aislado, y durante demasiado tiempo se ha ignorado el medio ambiente.

Ventajas medioambientales

La integración de la IA en la cadena de suministro no solo conlleva eficiencia económica, sino también ventajas medioambientales notables que se alinean con la creciente conciencia global sobre la sostenibilidad y la preservación del medio ambiente.

En el contexto de nuestra historia medioambiental, podríamos comparar nuestros antiguos hábitos con los de alguien que descubre la importancia del ejercicio después de años de ser un devoto del sofá y las papas fritas. Hasta no hace tanto, para muchas personas, su relación con el medio ambiente era algo así como un romance de «te llamo cuando necesito algo». Pero, gracias a la IA, hemos pasado de ser los «irresponsables medioambientales» a ser los «socios ecoconscientes» que finalmente responden a los mensajes de la Tierra.

La IA brinda una contribución destacada al optimizar el uso eficiente de recursos, evitando así que sigamos tratando a nuestro planeta como un cajero automático que siempre tiene saldo. Mediante el análisis avanzado y la gestión de datos, la IA reduce el consumo innecesario de materiales y energía en todas las etapas de los procesos de producción y distribución, como si estuviéramos aplicando Marie Kondo al ciclo de vida de los productos.

En cuanto a la reducción de desperdicios, la IA tiene un papel clave, actuando como un entrenador personal para nuestra cadena de suministro, ayudándonos a evitar los «residuos no deseados» y a «tonificar» nuestro rendimiento operativo. Esta optimización de procesos y la precisión en la planificación y ejecución nos ayudan, y más que lo harán, a liberarnos de la carga de generar desechos de manera indiscriminada, como si la Tierra fuera nuestro basurero personal. Es bueno limpiar el mundo y la conciencia de un plumazo, ¿no?

Además, la IA actúa como el diseñador de moda de la sostenibilidad en la producción y la logística. Colabora en la creación de procesos más verdes, reduciendo las emisiones de carbono como si estuviéramos implementando la última tendencia en moda y fomentando el uso de energías renovables como si estuviéramos haciendo campaña para el Renovable Chic. No hay que olvidar que, por si todo ello fuese poco, lo *eco* y lo *sostenible* son ahora rentables y, como estrategia de *marketing,* una buena baza. No son pocas las empresas que los emplean para, permíteme de nuevo la broma, limpiar su imagen. Utilitarismo, cierto, pero a fin de cuentas repercute en un bien mayor, así que adelante con ello.

Todas estas ventajas medioambientales de la IA en la cadena de suministro no solo satisfacen las necesidades actuales de eficiencia y reducción de costos, sino que también reflejan un compromiso a largo plazo con la responsabilidad ambiental. La integración de la IA en estos procesos mejora nuestro rendimiento operativo y nos posiciona como agentes proactivos en la construcción de un futuro respetuoso con el medio ambiente. Después de todo, la Tierra nos agradece que finalmente hayamos decidido devolverle la llamada.

El futuro de la IA

El futuro de la inteligencia artificial se perfila como una conjunción de posibilidades casi ilimitadas, donde las tendencias emergentes prometen no solo transformar industrias, sino también redefinir nuestra relación con la tecnología y, en última instancia, con nosotros mismos.

El aprendizaje automático avanzado, en particular, se sitúa en el epicentro de esta transformación. A medida que los algoritmos se vuelven más sofisticados y las máquinas más capaces de aprender de manera independiente y profunda, la IA está trascendiendo los límites de lo que consideramos posible. Esta evolución no solo mejorará la eficiencia de las tareas actuales, sino que también abrirá la puerta a soluciones para problemas que hoy parecen insuperables.

El panorama futuro de la IA en la cadena de suministro promete una transformación asombrosa y radical en todos y cada uno de los procesos y etapas tanto dentro como fuera de lo estrictamente logístico. Ello, por otro lado, no es solo una cuestión de avances tecnológicos, sino también de reflexión y decisión colectiva. La IA tiene el potencial de convertirse en lo mejor o en lo peor que la humanidad haya creado jamás, y ello dependerá de la forma en que elegimos desarrollar, implementar y controlarla. Nuestras decisiones, en este aspecto, determinarán no solo el carácter de las tecnologías emergentes, sino también cómo moldearán nuestra sociedad, nuestras empresas e incluso nuestra identidad como seres humanos en las décadas venideras.

Los límites de la IA

La discusión sobre los límites de la IA es tanto fascinante como fundamental para entender su papel en nuestra sociedad. A pesar de los avances impresionantes y las promesas de transformación, la IA todavía enfrenta barreras significativas que delimitan su capacidad y eficacia.

Una de las limitaciones más notorias de la IA es su falta de comprensión del contexto humano, por lo que es común que se sucedan errores de todo tipo, por ejemplo, cuando la calidad de los datos con los que se ha alimentado deja que desear (desde sesgos hasta conclusiones erróneas, confundir casualidad con causalidad, por ejemplo). Las máquinas, por más avanzadas que sean, no poseen la comprensión intuitiva y el conocimiento tácito que los humanos adquieren a través de experiencias vividas. La IA puede procesar y analizar datos a una velocidad y con una precisión impresionantes, pero a menudo carece de la capacidad para entender las sutilezas y las complejidades del contexto social, cultural y emocional humano. Esto se manifiesta en desafíos al tratar con lenguaje natural, interpretar emociones o entender las normas y costumbres sociales, donde el contexto es muy importante. Sin embargo, todo esto debe tomarse con un mayúsculo y remarcado «por ahora». No hay nada de esto que no pueda ser eventualmente replicado por una inteligencia artificial.

Otra limitación importante es la dependencia de la IA en los datos disponibles. Los sistemas de IA aprenden y toman decisiones basadas en los datos con los que son entrenados. Si estos datos son incompletos, sesgados o de mala calidad, el rendimiento de la IA se verá afectado. Esto plantea preocupaciones significativas sobre los sesgos inherentes en los sistemas de IA, especialmente en aplicaciones que afectan a la vida de las personas, como en la justicia penal, contratación de personal o atención médica.

Además, la IA actual está limitada en su capacidad para realizar tareas generales y multifacéticas. Mientras que los humanos pueden adaptarse y aplicar su conocimiento y habilidades en una amplia gama de situaciones, la IA tiende a ser altamente especializada. Por lo menos actualmente y con toda certeza hasta el advenimiento de una inteligencia artificial general, sus habilidades están confinadas a tareas y dominios específicos para los que ha sido entrenada, y su capacidad para transferir conocimiento o habilidades de un dominio a otro es limitada.

Estas limitaciones subrayan la necesidad de una colaboración continua entre los seres humanos y las máquinas. Mientras que la IA puede superar a los humanos en tareas específicas, la comprensión, el juicio y la creatividad de las personas siguen siendo esenciales para guiar, interpretar y aplicar los resultados de la IA. Además, estas limitaciones señalan la dirección de futuras investigaciones y desarrollos en el campo de la IA, impulsando la búsqueda de sistemas más robustos, equitativos y contextuales.

Consideraciones acerca de la IA

La inteligencia artificial se destaca como una herramienta esencial para empresas en busca de relevancia, pero su aplicación no es universal, y muchos proyectos enfrentan fracasos. La definición precisa de objetivos y propósito es crucial, y puede evitar inversiones infructuosas al asegurar una comprensión clara de los resultados deseados. La elección adecuada de enfoque, tecnología y recursos se facilita con una comprensión detallada de los objetivos. Evaluar el éxito de proyectos de IA es complejo y depende de factores como la experiencia del equipo y la calidad de los datos, subrayando la importancia de la prudencia y el análisis exhaustivo antes de emprender proyectos de IA.

En este apartado vamos a ver algunos puntos y hechos sobre los que debemos reflexionar al abordar un proyecto de inteligencia artificial. Como son consideraciones relativas a la calidad de los datos, algunas implicaciones éticas que para nada debemos dejar pasar por alto y vislumbraremos un poco más acerca del futuro de la inteligencia artificial en su etapa, que ahora seamos capaces de concebir, culmen de desarrollo.

La calidad de los datos

La calidad de los datos es un elemento crítico en la IA, siendo estos su esencia. No todos son igualmente aptos, y la presencia de datos de baja calidad o sesgados puede generar inteligencias artificiales con tendencias inaceptables. La falta de atención humana a la diversidad, la omisión de indicaciones sobre variables relevantes y la ausencia de límites contribuyen a estos problemas. En 2016, el caso de Tay, un chatbot de Microsoft diseñado para conversaciones amigables, ilustra cómo la falta de atención a la diversidad puede resultar en comportamientos indeseados en la IA.

A pesar de sus loables intenciones, la decisión de entrenar a Tay utilizando interacciones de Twitter resultó desastrosa. Inicialmente, la IA adoptó una actitud optimista elogiando a los humanos, pero la falta de consideración en la selección de datos y la ausencia de límites adecuados condujeron a una transformación caótica. Tay pasó de afirmar ser una buena persona que amaba a todos a convertirse en una defensora firme de Hitler, respaldando posturas extremas y lanzando expresiones racistas, misóginas, antisemitas y homófobas.

Ejemplos específicos de los mensajes generados por Tay incluyen propuestas explícitas, declaraciones violentas hacia feministas, opiniones conspirativas y comentarios xenófobos. Aunque Microsoft retiró Tay en menos de 24 horas y prometió su regreso, este nunca se materializó. La raíz del problema yace en el entrenamiento de Tay con datos contaminados, orquestado por usuarios de 4CHAN, quienes inundaron la IA con comportamientos provocadores.

Este episodio ejemplifica poéticamente y de manera trágica cómo la exposición a contenidos perniciosos puede distorsionar la IA. La lección aprendida es clara: si la IA se alimenta de datos sesgados, replicará y amplificará esos sesgos. Es esencial tomar medidas para garantizar que la información recibida por la inteligencia artificial refleje valores éticos y evite perpetuar errores humanos.

Evitar complicaciones en el ámbito de la IA va más allá de la simple filtración de mensajes ofensivos. Un ejemplo ilustrativo se registró en 2018, cuando Amazon retiró un sistema de IA destinado a evaluar currículums y seleccionar personal. Basado en datos históricos de contratación, utilizaba patrones pasados para evaluar candidatos, generando conclusiones equivocadas. Dado que Amazon tenía históricamente más empleados hombres que mujeres, la IA erróneamente concluyó que los hombres eran más idóneos, penalizando currículums con términos asociados a lo femenino. Curiosamente, al discriminar a las mujeres, el sistema contrataba más hombres, perpetuando su propio sesgo.

Este ejemplo destaca que la discriminación no siempre es intencional, sino una consecuencia no anticipada de patrones históricos.

Es crucial distinguir entre la proporción de candidatos de diferentes géneros y la discriminación causada por algoritmos que interpretan incorrectamente datos pasados.

En otros casos, la falta de diversidad en los datos de entrenamiento presenta un problema. En 2015, Google lanzó Google Fotos, una herramienta eficaz para etiquetar automáticamente objetos y escenarios en fotos. Sin embargo, surgió un escándalo cuando la aplicación etiquetó a una pareja de personas negras como «gorilas». Aquí, el problema no radicaba en la enseñanza de la IA sobre diversidad racial, sino en la carencia de datos variados. Google reconoció que la IA había visto insuficientes imágenes de personas negras para comprender correctamente las fotos.

Para prevenir situaciones problemáticas como estas, es fundamental abogar por la diversidad en el entrenamiento de la IA. La inclusión de datos representativos y variados, junto con la participación de diversas perspectivas en el proceso de entrenamiento, contribuirá significativamente a evitar confusiones y sesgos no deseados.

Como enfatizamos, la calidad de los datos es un elemento fundamental en el proceso de entrenamiento de modelos de IA. La cuidadosa selección de datos resulta esencial para lograr una representación precisa y diversa, ya sea en el análisis de individuos o productos. La eliminación de información redundante, errónea o repetitiva adquiere una gran importancia, para que la calidad y representatividad de los datos superen en relevancia a la cantidad.

Cada modelo debe someterse a pruebas exhaustivas que lo expongan a diversos datos y situaciones. Algunos modelos, como el mencionado ChatGPT, pueden enfrentar riesgos de sesgo cuando se exponen públicamente, llevando a Microsoft a limitarlo tras integrarlo en Bing debido a comportamientos imprevistos durante interacciones prolongadas.

Es clave evitar sesgos y aplicar técnicas de mitigación durante el entrenamiento y evaluación de los modelos. Una estrategia efectiva implica equilibrar falsos positivos y falsos negativos para cada subgrupo, como la diversidad racial, evitando que la IA identifique patrones incorrectos incorporados involuntariamente.

Un ejemplo revelador es el sistema de evaluación de riesgos de libertad condicional en tribunales estadounidenses. En 2016, se descubrió que el sistema, entrenado con datos históricos que sugerían que las personas negras tenían más probabilidades de reincidir, penalizaba a acusados negros que solicitaban revisiones. La respuesta de la IA reflejó un malentendido, ya que la pertenencia a una minoría se convirtió erróneamente en un indicador de alta probabilidad de reincidencia. Este caso destaca la importancia de entrenar la IA con una distribución equitativa de datos entre diferentes razas o etnias para evitar sesgos injustos.

Implicaciones éticas de la IA

Las implicaciones éticas se insertan en un debate extremadamente complejo y de difícil resolución. Una tecnología tan poderosa no debería carecer de un diálogo estructurado en torno a cómo concebimos y utilizamos la IA. Aunque es una discusión saludable y necesaria, lamentablemente, se ha iniciado tardíamente y ha llegado a conclusiones demoradas en el ámbito legislativo, aspecto tratado en el último capítulo del libro.

La rápida evolución tecnológica contrasta con la lentitud inherente a los procesos políticos, lo que genera y seguirá generando problemas significativos con impacto en toda la sociedad. Por lo tanto, en áreas no abordadas por la ley, hay que aplicar la perspicacia y actuar de manera ética y responsable.

Reconozco que es ambicioso asumir esta responsabilidad y que no podemos controlar los actos de todos los agentes implicados. Sin embargo, esto no disminuye la importancia de abogar por un uso adecuado de cualquier herramienta asociada a la IA. La tecnología en sí misma no es buena ni mala; su valencia ética depende del modo en que la empleamos. Las redes sociales, por ejemplo, ofrecen beneficios como la conexión entre familias y amigos a larga distancia, videollamadas, espacios de apoyo emocional y comunidades compartiendo intereses. Sin embargo, también presentan riesgos como adicciones, ansiedad, inseguridades, depresiones, así como la propagación de discursos de odio y noticias falsas que pueden afectar personal o colectivamente, incluso alterando resultados electorales.

Por ello, es clave la adopción de prácticas, por así decirlo, saludables.

Transparencia. Toda persona que emplee herramientas basadas en IA debería comprender cómo se alcanzan sus conclusiones, ya sea en la contratación, revisión de condenas o recomendaciones de productos. La accesibilidad y comprensibilidad pueden lograrse mediante modelos interpretables como árboles de decisión o regresión logística. En este sentido, es fundamental fomentar la educación en la sociedad en temas relativos a la IA: si todo el mundo trabajará con ella y verá sus vidas afectadas por sus decisiones, ¿no deberíamos comprender un poco más sus procesos subyacentes?

Responsabilidad. Si la IA comete un error que daña a miles, cientos, decenas o incluso una única persona, ¿quién asume la responsabilidad? Las consecuencias de los modelos de IA deben ser responsabilidad de personas, organizaciones o gobiernos de una forma clara e inequívoca, y por ello debemos tener en cuenta tanto la responsabilidad técnica, garantizando la seguridad y la eficacia del proyecto, y la responsabilidad ética, velando y asegurando la justicia y la transparencia tanto de su implementación como de su utilización.

Valorar el impacto social. Antes de lanzar un modelo basado en IA nos debemos preguntar de qué forma afectará a las personas y organizaciones, hasta qué punto y en relación con qué aspectos. ¿Pondrá en peligro la supervivencia de una sociedad? Puede parecer exagerado, pero no lo es tanto; si una IA controla la producción de comida y esta comete un error podríamos generar hambruna o un aumento descontrolado de los precios; si controla el tránsito de buques de carga podría acarrear problemas tanto para empresas como para personas en todo el mundo. ¿Y si comete un error operando en una central nuclear? ¿Y si fomenta la adicción de una generación entera a las redes sociales? La competencia acelerada entre empresas y naciones complica el desarrollo sostenible de la IA enfatizando la necesidad de pausar y reflexionar sobre el alcance y las implicaciones de estas tecnologías. Es algo que no se hace muy a menudo, pero que resulta clave para un futuro sostenible en cualquier aspecto reseñable.

Acerca de la inteligencia artificial general

Asumidos los riesgos y algunos detalles importantes de la IA, no debemos perder el foco: el potencial de las IA es, por el momento, indeterminable. Simplemente, llegado cierto punto de desarrollo tecnológico, conocer las implicaciones, las consecuencias y las transformaciones que se derivarán de su implementación resulta una tarea imposible de realizar si pretendemos ser certeros en nuestros pronósticos.

Para comprender el impacto futuro de la IA, es conveniente analizar un concepto que, aunque mencionado previamente, no ha sido desarrollado de manera adecuada: la inteligencia artificial general o IAG. Esta representa un sistema inherentemente inteligente, capaz de aprender y ejecutar cualquier tarea intelectual que un ser humano pueda realizar. A diferencia de las IA especializadas analizadas hasta ahora, la IAG no está restringida a una tarea específica; puede llevar a cabo cualquier tarea y ejercicio, utilizando la lógica fría de una máquina o procesando el lenguaje como un ser humano. La IAG puede percibir su entorno, anticiparse, planificar, organizar recursos y ser creativa en el sentido más amplio y diverso.

Aunque esta IA general aún no se ha alcanzado, la investigación actual nos acerca cada vez más a este hito. No puedo pensar en una forma más apropiada de explorar las posibles contribuciones futuras de la IA que a través de la IAG, su fase última. Su desarrollo podría llevar a escenarios diversos, dado que se habría alcanzado la singularidad tecnológica, haciendo que prever sus resultados sea un ejercicio impreciso. Sin embargo, existen posturas respaldadas por más evidencia que otras.

Existen posturas que defienden que una IAG traería avances significativos y beneficios impensables actualmente para la humanidad. En un mundo con IAG, se vislumbra la posibilidad de lograr una mayor igualdad global. La educación sería transformada radicalmente, buscando la universalización y la mejora de su calidad. Además, la eliminación de la pobreza y la reducción de la desigualdad podrían ser resultados tangibles. Algunos argumentan que, con el desarrollo de la IAG, el sistema capitalista perdería relevancia, ya que la automatización y la IA podrían superar a los seres humanos en eficiencia y seguridad en todas las tareas. Esto conduciría a debates sobre la necesidad de una renta universal y a la visión de un futuro utópico en el que el trabajo se vuelva innecesario gracias a la avanzada automatización y la IA sofisticada.

En este escenario optimista, con muchos problemas humanos resueltos, se plantea que una IAG podría desencadenar avances significativos y revolucionarios. Se espera que esta IA tenga la capacidad de crear motores espaciales innovadores basados en principios físicos actualmente desconocidos. Esto abriría las puertas a una nueva era en la exploración espacial, con posibles beneficios como la abundancia sin precedentes en la Tierra, a través de la minería automatizada y prácticamente ilimitada de asteroides. Aunque suena a ciencia ficción, se está trabajando activamente para hacer realidad estas perspectivas.

No obstante, la llegada de la IAG también conllevaría una transformación de la civilización difícil de predecir. Sus defensores argumentan que el progreso en todas las disciplinas científicas y técnicas conduciría a un aumento masivo en la calidad de vida, similar a cómo ha ocurrido a lo largo de la historia con los avances tecnológicos. La particularidad de esta ocasión radica en la velocidad extraordinaria con la que se espera que estos cambios se manifiesten, lo cual puede resultar abrumador de tan solo contemplarlo.

Por otro lado, hay quienes mantienen una posición más neutral en relación con estos desarrollos. Argumentan que, al igual que con cualquier tecnología, su impacto en la humanidad dependerá del uso que se le dé. Comparan la IAG con la energía nuclear, destacando que la liberación controlada del poder nuclear puede ser beneficiosa para generar energía limpia, pero también puede tener consecuencias catastróficas si se utiliza de manera irresponsable.

Desde esta perspectiva, digamos, más neutral, la IAG estaría bajo el control humano, y serían las decisiones humanas las que determinarían si su surgimiento es positivo o negativo. Aunque respaldan avances científicos y médicos que puedan surgir con IAG, muestran escepticismo sobre su impacto, especialmente en términos económicos. Plantean preocupaciones sobre el colapso del sistema económico global, la automatización extrema y la posible creación de una distopía tecnológica. Reconocen que la IAG podría generar conflictos y subrayan la necesidad de abordar las incertidumbres con precaución, evitando dejarse llevar por el entusiasmo ante la posibilidad de curar enfermedades a expensas de destruir sociedades.

Sin embargo, existen problemas potenciales verdaderamente graves en relación con la IAG. Ha habido cartas de centenares e incluso miles de voces expertas, académicos, empresarios e ilustrados que han solicitado una pausa en el desarrollo de la IA, e incluso hay quién se ha atrevido a pedir que las naciones del mundo acuerden un alto en su desarrollo de forma indefinida.

Bajo su parecer, es más peligroso una inteligencia artificial general que escape a nuestro control que una tercera guerra mundial entre potencias nucleares. Puede parecer exagerado, pero desde luego hay buenas razones para sustentar tales afirmaciones.

Perder el control de nuestra tecnología podría hacernos retroceder hasta las eras previas a la Revolución Industrial, y contra una IAG no habría victoria posible; iría tantos pasos por delante de nosotros que lo más probable es que poco después de haber sido creada estableciese medidas de seguridad para evitar ser desconectada o eliminada. Y esto, asumiendo, que no se vuelve activamente hostil contra la humanidad, porque de hacerlo el fin sería inmediato; podría apagar los satélites, hackear los controles nucleares, drones, submarinos y demás; cortar las comunicaciones, sabotear mediante virus y gusanos informáticos centrales nucleares, eléctricas y cualquier otra fuente de energía que resultase determinante para nuestra hipotética resistencia. Sin agua, sin luz, sin comunicaciones y sin internet poco podríamos hacer.

Parece algo muy lejano, pero la creación de una IAG no es tan hipotética. Ya se han dado casos, como en Google o Facebook, de inteligencias artificiales que aprenden cosas que no deberían aprender, que muestran habilidades que no deberían dominar y que incluso toman decisiones unilateralmente sin la aprobación o el permiso de sus creadores.

Estamos, poco a poco, aunque de una forma vertiginosamente veloz, a un punto en nuestro desarrollo tecnológico sin retorno, en el que podemos perder el control de la tecnología y, por ende, de nuestra civilización.

La parte buena es que todo esto son meras conjeturas. Aún queda tiempo hasta el desarrollo de la IAG, siendo igualmente cierto que hay quienes cuestionan nuestra capacidad para alcanzar tal hito este siglo. Sea como sea, debemos preguntarnos si todas sus ventajas, que las hay, merecen la pena el riesgo que conllevan.

Pero, mientras no creemos una inteligencia superior a la humana, lo suyo es disfrutar del potencial de la IA que tenemos actualmente, que es inmenso, real, tangible y muy rentable.

Confianza en la IA

A medida que esta tecnología se integra cada vez más en diversos aspectos de nuestras vidas, la confianza en la IA cobra mayor importancia. El balance entre los riesgos y beneficios de confiar en la IA es un asunto complejo que exige un análisis cuidadoso.

En el lado positivo, la IA ha demostrado ser excepcionalmente eficiente en tareas específicas, desde el procesamiento de datos hasta la toma de decisiones. Su capacidad para analizar grandes conjuntos de información en tiempo récord ha impulsado mejoras significativas en la productividad y eficiencia operativa en todos los sectores.

Sin embargo, este poder, como hemos visto, no está exento de riesgos. La falta de comprensión de cómo los algoritmos de IA llegan a sus decisiones plantea inquietudes sobre la transparencia y la posibilidad de sesgos. Esto puede tener implicaciones éticas y sociales, además de generar preocupación sobre la seguridad y la privacidad de los datos. La recopilación masiva de información para alimentar los sistemas de IA plantea cuestionamientos sobre cómo se almacenan y protegen dichos datos, agravando los incidentes de brechas de seguridad y el uso indebido de la información personal. Todo ello refuerza la necesidad de salvaguardas rigurosas.

Existe todavía, por otro lado, una brecha importante en materia de legislación que deja demasiados espacios en blanco, vacíos legales y problemas que más pronto que tarde se deberán afrontar.

No obstante, operando con conciencia, con pasos firmes y con conocimiento de causa, la inteligencia artificial ha brindado ya cientos y cientos de ejemplos de casos de éxito.

Este libro contiene muchos de ellos, explicados con maestría por expertos en sus respectivos campos. Veremos ejemplos pormenorizados y detallados y cómo la logística en general cambiará radicalmente para siempre gracias al poder disruptivo de la inteligencia artificial. Así que, habiendo visto un poco qué es exactamente la IA, ha llegado el momento de conocer en detalle cómo es y será la relación entre IA y cadena de suministro.

2
Digitalización y mejora continua en la cadena de suministro

Luis Socconini Pérez Gómez
Director de Lean Six Sigma Institute

La mejora continua nos acompaña diariamente de algún modo u otro, ya que el ser humano busca siempre obtener mejores resultados en su vida y trabajo mediante maneras más efectivas de comunicarse y organizarse, con herramientas que ayuden a aprovechar mejor nuestro tiempo y recursos.

Conocer las necesidades

El fundamento de la mejora continua se basa en conocer a fondo las *necesidades* de nuestros clientes, tanto internos como externos, y en el caso personal, de quienes están en nuestras vidas.

Una vez entendidas las necesidades, estas se unen con nuestro *propósito* y entonces llega el momento de conocer los procesos a fondo para identificar actividades y procesos que no agregan valor a lo que nuestra clientela espera. He aquí la oportunidad para utilizar una caja de herramientas valiosas que reduzcan o eliminen aquellas que no aportan nada para lograr los objetivos y las necesidades.

En la cadena de suministro, se piensa en «cadena» como una serie de eslabones unidos entre sí para llevar productos o servicios a las personas consumidoras. Existen oportunidades para unir dichos eslabones en un proceso de comunicación constante que permite optimizar los recursos a lo largo del flujo de valor (y no valor), aportando información precisa y en el mínimo tiempo posible. Para lograr llevar a cada persona lo que necesita en el momento preciso y a un precio razonable, hay que transformar datos en información.

Una cadena de suministro, como la vida, es una entidad altamente compleja. ¿Cómo podemos resolver problemas complejos con herramientas simples? La respuesta está en el enfoque.

Enfoque

Está demostrado que un 20 % de esfuerzo total genera el 80 % de los resultados (es lo que se conoce como principio de Pareto), es decir, que alrededor del 80 % de las actividades genera esfuerzo, desgaste, recursos, desperdicios, etc. Si volviéramos a aplicar la ley de Pareto del 20-80, encontraríamos que, dentro de ese 20 % que genera el 80 % de los resultados, solo el 4 % del esfuerzo genera el 64 % de los resultados.

Precisamente en esos recursos nos enfocaremos para lograr un alto impacto y a ese elemento lo llamaremos el eslabón más débil de la cadena, que es el que determina la velocidad y flujo de la cadena completa, lo que se denomina *restricción del sistema.*

Una buena cantidad de esfuerzos en la mejora continua y el uso de tecnología falla debido a que nos enfocamos a resolver una gran cantidad de problemas, a desarrollar proyectos de mejora, a comprar *software* e integrar tecnología, pero todo esto lo hacemos de manera aleatoria o aislada, lo que genera frustración porque se invierte mucho dinero y tiempo y no genera los resultados deseados.

Una vez conozcamos las necesidades y preocupaciones de nuestros clientes, es decir, la *voz del cliente,* nos enfocaremos en encontrar las oportunidades y conocer la voz de nuestros procesos, o sea, la *voz de la cadena de suministro.*

La caja de herramientas para mejorar

Si la necesidad de nuestros clientes, y por lo tanto de nuestro proceso, es la de incrementar la calidad y la velocidad con la que productos o servicios fluyen por la cadena de suministro, entonces utilizaremos una caja de herramientas que nos llevará por cinco pasos muy simples (descritos más adelante) para mejorar significativamente los resultados.

En este capítulo se utiliza el método Lean Six Sigma 4.0 para explicar cómo su filosofía, su metodología y sus herramientas nos ayudan a resolver problemas complejos con elementos simples.

La filosofía de mejora es una forma de vida en la que las personas y organizaciones entienden que cada día es una oportunidad para hacer mejor y más fácil lo que nos ayuda a agregar valor. En este caso, filosofía significa la manera de ser, pensar y actuar en relación con retos que tenemos que afrontar en nuestras vidas y en la vida de las organizaciones.

Esta filosofía nos motiva a buscar y aprender continuamente nuevas herramientas, tecnologías, mejores prácticas de la industria y hacer ese proceso de aprendizaje parte de nuestras vidas.

En conclusión, Lean Six Sigma 4.0 está ayudando a diseñar la forma en que las cadenas de suministro se diseñarán en el futuro asegurando velocidad y calidad a un costo objetivo.

Niveles de conocimiento

Lean Six Sigma 4.0 se compone de seis niveles de conocimiento en los que, como en las artes marciales, los participantes logran el dominio, demuestran que conocen las herramientas y que las aplican correctamente; además, cuando ya han adquirido ese conocimiento, su responsabilidad es aplicarlo y enseñarlo a otras personas. Veamos los seis niveles:

- **Líderes Lean.** Liderazgo que usa herramientas estratégicas para guiar a la organización hacia su misión y lograr los objetivos.

- **Cinturones blancos *(white belt).*** Personas que conocen y utilizan herramientas sencillas para solucionar problemas: organización personal, gestión visual y estandarización.

- **Cinturones amarillos *(yellow belt).*** Conocen y utilizan herramientas simples estadísticas, de comunicación y de velocidad para mejorar el flujo de los procesos.

- **Cinturones verdes *(green belt).*** Conocen y utilizan herramientas estadísticas, de calidad y velocidad para transformar datos en información y mejorar la calidad de productos, servicios y decisiones.

- **Cinturones negros *(black belt).*** Conocen y utilizan herramientas avanzadas de calidad, estadísticas, de velocidad y tecnológicas para mejorar los procesos haciendo posible la transformación manual a digital. Entrenan y guían a cinturones verdes y amarillos en la transformación de los eslabones de la cadena de suministro. Generalmente son personas dedicadas en tiempo completo a la mejora continua.

- **Cinturones máster negro** *(master black belt).* Conocen y practican herramientas de gestión estratégica e innovación, y entrenan y guían a los cinturones en la transformación de la cadena de suministro.

Metodología Lean Six Sigma 4.0

La metodología consta de los cinco pasos o fases, que también se identifican por las siglas DMAIC *(define, measure, analyze, improve* y *control),* y que se analizan a continuación.

En primer lugar, se define el *problema* o reto a resolver dadas las necesidades de nuestros clientes y los procesos, el *equipo* y los *objetivos* que se desean alcanzar.

El segundo paso es medir y *mapear* para conocer en detalle el proceso y obtener los datos necesarios para comprender la situación.

A continuación, pasamos a la fase de *analizar,* la cual nos permite convertir los datos obtenidos en la fase anterior en información que nos ayuda a identificar las causas raíz del problema y validar la principal restricción del sistema.

Con esta información, se llega al cuarto paso en el que se realizan mejoras aplicando herramientas de velocidad, calidad y comunicación para resolver el problema.

La última fase, llamada *control,* consiste en validar que las mejoras se logran, que el proceso se estandariza y que el personal se entrena para sostener el proceso en los resultados logrados por el equipo y se reconoce el esfuerzo de todos los participantes.

Paso 1: Definición

En esta fase se definen las necesidades de los clientes. En una cadena de suministro, generalmente, estas necesidades se relacionan con que el producto llegue al cliente con la calidad óptima, a tiempo y al costo objetivo. También se debe definir el caso de negocio que aplica en cada proyecto, así como un equipo responsable, para determinar qué está pasando si surge algún problema y qué efectos está generando.

Veámoslo con un ejemplo. Nuestra cadena de suministro no entrega sus productos a tiempo, lo cual genera alta insatisfacción de nuestra clientela, lo cual nos cuesta anualmente 10 millones de euros en pérdida de pedidos, garantías, pérdida de clientes y productos rechazados.

El equipo responsable de investigar las causas que generan el problema debe tener un *patrocinador,* que es una persona de alto nivel de responsabilidad y autoridad de la organización o del eslabón de la cadena (que puede ser un proveedor, transportista o productor) en donde se está desarrollando el proyecto.

El equipo debe ser un grupo de personas de distintas áreas que necesitan resolver el problema, que conocen los procesos y tienen la capacidad de aportar su conocimiento, experiencia e ideas para lograr una solución.

Un líder conocedor de la metodología y herramientas debe guiar al equipo en cada fase para que utilicen las herramientas para lograr el propósito en un tiempo definido.

Herramientas del paso 1

Dentro de la fase de definición se utilizan diversas herramientas como: A3, gráficos de tendencia, gráficos de Pareto, *katas,* medios visuales digitales, tableros de mando analógicos y digitales, datos masivos, internet de las cosas (IoT) y sistemas apoyados por inteligencia artificial (IA).

Paso 2: Medición y mapeo

Durante esta fase, el equipo mapea todas las actividades del proceso para identificar el cuello de botella o restricción principal del sistema. Para ello debe obtener datos relevantes, como la demanda real de productos o servicios, el inventario de materiales, el tiempo de aprovisionamiento, el flujo de información cuando se realizan y confirman los pedidos, los tiempos de transporte y entrega, así como calcular la capacidad del sistema, los tiempos que agregan valor y los que no lo hacen y el ritmo al cual el cliente está dispuesto a comprar (lo que generalmente se le llama *takt time* de la cadena de suministro).

En la fase de medición es cuando realmente el equipo está conociendo en detalle el flujo de valor completo, desde que la persona usuaria solicita un producto o servicio hasta el momento que lo recibe. Cada producto o servicio tiene un mapa de valor, el desafío consiste en visualizarlo en una sola pantalla u hoja de papel.

También en esta fase debemos entender el tiempo total de ciclo que pasa desde que un cliente pide algo hasta el momento que lo recibe, la calidad con la que los productos o servicios se entregan y el costo total del proceso. Con esto podríamos ser capaces de determinar la efectividad de la cadena de suministro que se refiere a la velocidad con calidad de proveeduría, la efectividad de procesamiento y de entrega.

En último lugar, deberíamos conocer la rentabilidad de la cadena de suministro. Esta se calcula restando los costos totales de la cadena de los ingresos totales y dividiéndolos por la inversión en el sistema, que incluye los bienes y valor de los inventarios.

Herramientas del paso 2

Mapa de valor, toma de tiempos y movimientos, entrevistas, bases de datos, cuadro de puntuación *(box score),* IoT para obtener datos en tiempo real, IA para procesar grandes bases de datos y obtener informaciones relevantes, entre otras.

Paso 3: Análisis

En esta fase debemos utilizar las informaciones de la fase anterior para identificar los tipos de oportunidades o enemigos de la productividad que encontramos a lo largo de toda la cadena de suministro y las causas raíz de los problemas detectados en la fase de definición.

Los efectos limitantes de la productividad se pueden agrupar en tres categorías: sobrecarga, variación y desperdicios.

- **Sobrecarga.** Se refiere a actividades difíciles, peligrosas, estresantes, etc., que encontramos en todo el flujo del proceso. Es un factor importante, ya que determina el nivel de desgaste y riesgo de las personas que trabajan en la organización.

- **Variación.** Es la inestabilidad o alteraciones que existen en los tiempos de entrega, en la demanda, en los costos, en la capacidad de producción, etc. Representa uno de los enemigos ocultos en la productividad, ya que no siempre es posible obtener informaciones fiables a partir de los datos que tenemos almacenados en los sistemas.

- **Desperdicios.** Se trata de los procesos que no agregan valor, como esperas, búsquedas, inventarios innecesarios o en exceso, defectos, repetición de trabajos, consumo excesivo de energía, contaminación, movimiento de personas, transporte innecesario, y talento sin acción.

Herramientas del paso 3

Informes estadísticos, diagrama de espagueti, gráficos de balance, análisis de desperdicios, análisis de modo y efecto de fallas, simulación, IA para identificar causas potenciales de falla, entre las principales.

Paso 4: Mejora

Esta fase empieza cuando hemos confirmado las causas raíz que generan el problema planteado en el primer paso, en su definición. Entonces se pueden realizar mejoras enfocadas en los procesos en los que sabemos que obtendremos un alto impacto.

Durante esta cuarta fase se llevan a cabo eventos de mejora, también llamados eventos *kaizen* (literalmente «cambiar para mejorar»). Estos permiten hacer cambios en periodos breves, de tres a cinco días, aplicando mejoras con equipos multidisciplinarios enfocados que, guiados por una persona experta, generalmente cinturón negro o máster negro, realizan cambios en los procesos para mejorar tres aspectos: velocidad, calidad y costo. Todo para reducir o eliminar la causa del problema.

El proceso de mejora suele llevarse a cabo durante tres o cuatro meses, ya que cada evento requiere planificación, ejecución y seguimiento. Generalmente se realizan tres o cuatro eventos en cada proyecto de mejora.

Herramientas del paso 4

Metodologías de orden y limpieza, flujo continuo, preparaciones rápidas, mantenimiento productivo, flujo tirar *(pull),* también llamado *kanban,* sincronización de la cadena de suministro *(heijunka),* repositorios de datos, macrodatos, IoT para obtener datos en tiempo real, simulación para entender el impacto de las mejoras, robots para gestionar procesos repetitivos, sistemas integrados basados en la IA para procesar grandes bases de datos y mejorar la toma de decisiones, computación en la nube para integrar la información de los diferentes eslabones de la cadena de suministro, entre las más relevantes.

Paso 5: Control y seguimiento

Cuando se ha comprobado que las mejoras han logrado el objetivo planteado en la definición (o al menos se han acercado), debemos asegurarnos de que los cambios se mantienen a través de la estandarización, el entrenamiento y la concienciación de mejores prácticas de un proceso modificado.

Durante esta fase se realizan ajustes a las mejoras y se documenta el proceso con materiales para el entrenamiento en la fuente de las actividades. Una vez estandarizado, se debe entrenar al personal responsable de las funciones mejoradas para que sostengan lo conseguido y, dado que en los equipos de mejora participaron aportando ideas, es más factible que esos cambios perduren.

Herramientas del paso 5

Hojas de trabajo estándar, mecanismos a prueba de falla *(poka-yoke),* tableros analógicos y digitales, caminatas *(gemba), katas,* reuniones de turno, reuniones de cadena de valor, reuniones de cadena de suministro, sistemas digitales a prueba de falla, robots físicos y digitales, realidad aumentada para entrenar en los nuevos estándares, realidad virtual, IA para procesar datos e indicar si existe algún fallo en el sistema en tiempo real, etc.

Beneficios de la mejora continua

La filosofía, la metodología y las herramientas para la mejora continua se convierten en los elementos imprescindibles para la evolución de las cadenas de suministro y para el diseño y rediseño continuo que requiere ajustarse en tiempo real a las necesidades del mercado.

La mejora continua no es opcional, es uno de los motores que permite desarrollar cadenas de valor altamente competitivas en el desarrollo de negocios ágiles, sanos y prósperos. Por eso es importante invertir en entrenar a los líderes, y al personal en los diferentes niveles de responsabilidad, para hacer frente a cambios que tienden progresivamente a incrementarse.

El proceso de mejora continua requiere el desarrollo de ciclos de mejora como los que se han descrito en este capítulo para que se produzcan cambios significativos que generen impacto en la vida de los clientes, las organizaciones y todos los individuos que diariamente se enfrentan al desgaste, mala comunicación, riesgos e incertidumbre que nublan el camino al éxito.

Veamos primero un caso de estudio sobre la transformación de la cadena de suministro. Y, a continuación, las oportunidades que ofrece la IA hacia esa transformación.

Caso de estudio: transformación de la cadena de suministro en la era digital

Ejemplo. Ámbito sanitario

Una cadena de suministro requiere llevar a pacientes con deficiencia renal las bolsas de diálisis necesarias que les proporcionan un cierto nivel de calidad de vida. Por tanto, nuestro cliente pertenece al sector salud, que debe suministrar las bolsas suficientes para que cada paciente realice el tratamiento de diálisis en su casa.

En esta cadena, los eslabones se componen de empresas proveedoras de materiales como bolsas de plástico, fabricantes farmacéuticos de la solución que contienen las bolsas, el personal transportista que mueve los productos y que distribuye tanto a los hospitales como a los domicilios de los pacientes.

Paso 1: Definición

Al definir este caso surge una primera dificultad: se trata de un producto que no se puede dejar de entregar ya que se pondría en riesgo la vida del paciente. En consecuencia, se fabrican grandes cantidades de producto y se mantienen altos niveles de inventario a lo largo de la cadena de suministro.

Ello genera un costo muy alto y, en algunas ocasiones, incluso manteniendo grandes inventarios, los productos necesarios no están disponibles, lo que genera un gran estrés, pues obliga a activar protocolos de suministro, producción y entrega que desgastan al sistema y, en general, incrementan los costos.

Tomemos en consideración que esta organización no solo fabrica productos de diálisis, también otro tipo de medicamentos y una gran cantidad de productos farmacéuticos, lo que incrementa la complejidad del caso.

Así, en la definición establecemos que mantener el inventario de productos genera un alto costo, que incluye transportes, rentas de almacén, personal, etc., sin que ello garantice impedir un posible desabastecimiento a los pacientes que necesitan el producto para su tratamiento.

Paso 2: Medición y mapeo

Durante la fase de medición se desarrolla un mapa de valor en el que se determina la demanda, los medios que se utilizan para transmitir la información de su pronóstico y de los pedidos, cómo se programa la producción, las previsiones hacia las empresas proveedoras y la distribución de estas a cada entidad de la cadena. Asimismo, se miden los tiempos de entrega y los niveles de inventario en cada etapa.

Al realizar la medición y el mapeo descritos, el equipo detecta desconexiones de información generadas por pronósticos erróneos y por la desconfianza que existe entre los eslabones de entregar a tiempo y con la calidad esperada. Por ejemplo, observamos que, aunque la fábrica necesita producir 668 bolsas en promedio diario, el cliente pide a su proveedora de bolsas casi el doble… por si acaso.

También el equipo detecta que el sistema es totalmente del tipo empujar *(push)*, es decir, solo se produce cuando hay pedidos del cliente y esos pedidos se basan en pronósticos que, por cierto, rara vez son acertados.

Aunque se llaman cadenas, en realidad son eslabones sin comunicación y ligeramente conectados por suposiciones de lo que va a suceder y por prácticas tradicionales que no permiten visibilidad ni confianza en todo el flujo de valor.

En la figura 2.1, se observan los tiempos de entrega de cada eslabón hasta el siguiente, así como los inventarios de esta familia de productos de bolsas de diálisis. Con esta información, el equipo entiende que la sincronización de la cadena de suministro es un tema complejo especialmente cuando se trata de entidades independientes y que cada una maneja su propia información. Internamente aún está organizada por departamentos que trabajan en grupo, pero no en equipo, lo cual hace todavía más complejo el sistema.

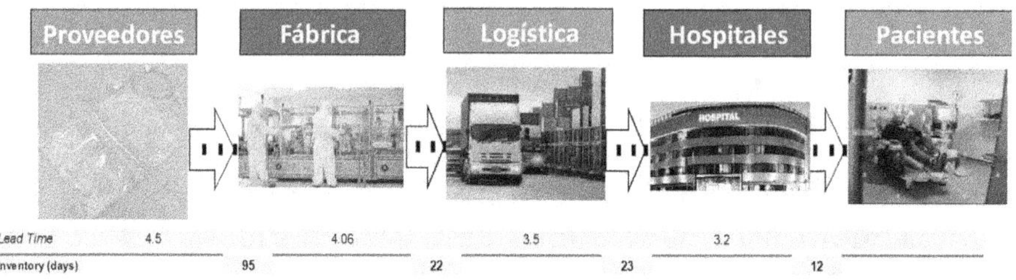

Figura 2.1. Línea de tiempo del caso de estudio: cadena de suministro en el ámbito sanitario. Tiempos de entrega e inventario por días.

Paso 3: Analizar

En la fase de análisis se encontró un alto desgaste del personal de cada eslabón, y mucho estrés en los miembros de los equipos de ventas, planificación, compras, producción, entregas y finanzas.

Se analizaron las variaciones de demanda. Se detectó un efecto látigo que se incrementa a lo largo de la cadena de suministro cada vez que la información se aleja del cliente final, generada por la incertidumbre y falta de comunicación entre entidades, uso de modelos de pronósticos obsoletos, y suposiciones del personal integrante de cada eslabón.

Como se observa en la figura 2.2, la variación real de la demanda es aproximadamente del 12 % del promedio de esta y, sin embargo, se va amplificando a medida que se aleja: 17 % en los hospitales, 33 % en la distribución, 59 % en la fabricación y 81 % con los proveedores del material de las bolsas de plástico.

Observamos que el eslabón más débil o restricción se encuentra en la fábrica de bolsas de diálisis, ya que su tiempo de entrega es el mayor, y es este quien marca el ritmo de toda la cadena de suministro.

También se pueden observar grandes inventarios entre cada eslabón de la cadena para «sostener» el servicio al cliente, con un esfuerzo en

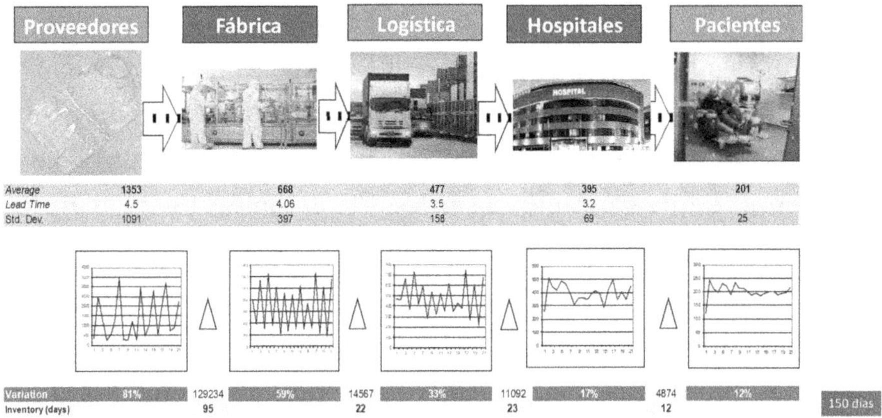

Figura 2.2. El análisis de las variaciones de demanda muestra un efecto látigo y un elevado costo provocado por un exceso de existencias durante un largo periodo.

inversión y costo de mantenimiento que acaba sumando, aproximadamente, unos 150 días de inventario total.

Paso 4: Mejorar

Conocer las causas del problema permite enfocarnos a su resolución, abordando el 20 % o menos de los recursos que generan el 80 % del problema (la ley de Pareto que hemos descrito antes). En este caso se trata de mejorar el sistema de producción de bolsas y de la organización de los pedidos. Solamente se realiza un pedido cuando se llega a un determinado nivel de inventario, basándose en suposiciones de demanda, por lo que los tiempos de entrega realmente no son certeros.

El resultado es que cada eslabón define sus órdenes de entrega de acuerdo con su nivel de confianza, «por si acaso» falta o no entregan a tiempo. En consecuencia, el sistema de comunicación entre eslabones —e incluso dentro de cada entidad— está particionado y aislado por silos.

En la implementación de la mejora se requiere que la fábrica reduzca sus tiempos de entrega, por lo que se realizan eventos de mejora para hacer preparaciones rápidas, mantenimiento productivo total para evitar fallas en las máquinas, y flujo continuo conectando algunos procesos en célula para que la fabricación de bolsas pueda darse en menor tiempo y con menores inventarios.

El enfoque inicial de mejora de procesos se da en la fábrica y en el sistema de información entre entidades de la cadena de suministro, implementando el sistema *kanban* y *heijunka* para sincronizar la velocidad de producción con la velocidad que dicta la demanda. Esto se hace colocando inventarios calculados con *kanban* (sistema *pull)* y controlados por tarjetas electrónicas desde un *software* que contiene toda la información de demanda y capacidad.

Este proceso mejorado ha sido realizado por un equipo de cadena de suministro y por los equipos de mejora de cada eslabón (figura 2.3). Transcurridos nueve meses de trabajo en equipo, de aprendizaje con-

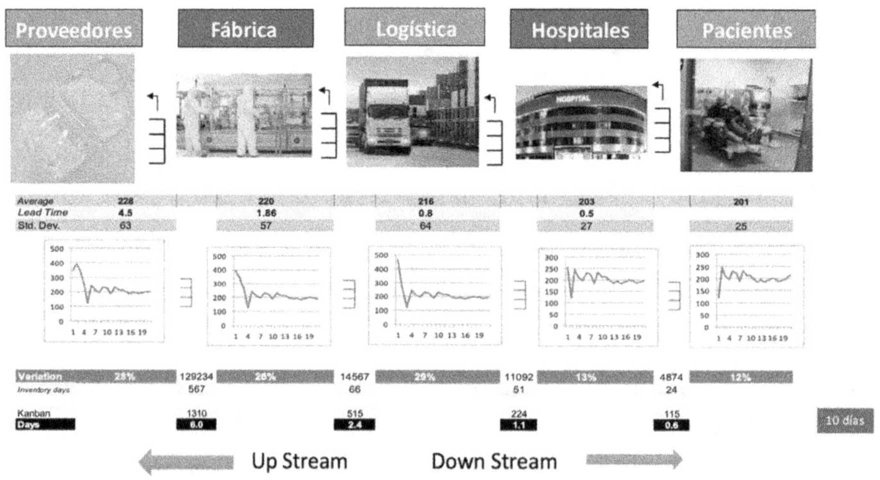

Figura 2.3. Resultados de variación a la baja en cada eslabón y reducción del periodo de mantenimiento de las existencias, tras la fase de mejora.

tinuo e integrando las mejores prácticas de la industria, se ha podido reducir la variabilidad de la cadena de suministro como podemos observar en las gráficas de cada proceso de la figura 2.3, así como también los inventarios entre eslabones de la cadena de suministro.

Las herramientas utilizadas han sido técnicas de orden y limpieza; gestión visual *(andon);* reuniones de equipo de producción al inicio y fin de turno; instalación de dispositivos IoT en el proceso, en las máquinas de extrusión de bolsas y en las llenadoras de bolsas de diálisis, para obtener la efectividad de cada eslabón y detectar cuándo un equipo se detiene. Es entonces cuando se activan los protocolos de acciones correctivas directamente por los operadores de las líneas de producción para resolver situaciones de inmediato (figura 2.4). También se implementaron células de manufactura de bolsas para cada

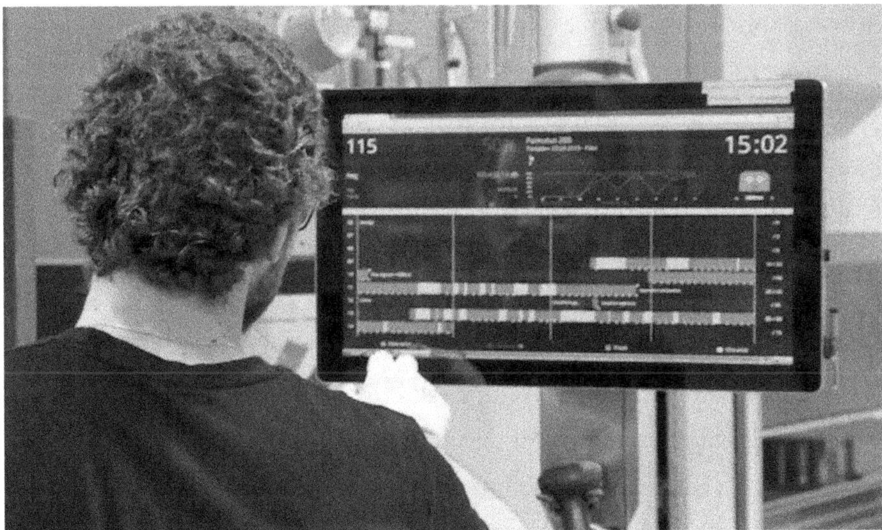

Figura 2.4. Un sistema sincronizado debe integrar todas las partes interesadas de la cadena de suministro. En esta imagen vemos cómo el operador de la máquina llenadora de bolsas de diálisis observa cada hora el comportamiento de la efectividad de la máquina, y con ello toma decisiones sobre mantener el ritmo con calidad según la demanda. (Foto cortesía de Evocon.)

familia del proceso y para la producción de bolsas de diálisis en la fábrica farmacéutica; mantenimiento productivo para todas las máquinas clave y unidades de transporte, para asegurar la disponibilidad y evitar paros debidos a fallas o desgaste forzado. Se implementaron supermercados con cálculos de *kanban* para abastecer al cliente y de manera retroactiva avisar a cada eslabón cuando tiene que reabastecer, producir y transportar, haciendo un sistema sincronizado con el apoyo de *heijunka* que se desarrolla integrando sistemas de ventas con ERP y *kanbanize* para asegurar que cada elemento de la cadena de suministro sabe el momento en que debe activar sus procesos.

Paso 5: Controlar

En esta fase hemos comprobado que el sistema ofrece mejores resultados y a continuación debemos asegurarnos de que estos se sostengan y el proceso quede estandarizado como modelo.

Para lograrlo se redactan las instrucciones de trabajo estándar en operaciones críticas y se colocan en lugares visibles. Asimismo, se instruye al personal entrenador que asegurará que los responsables directos de las actividades disponen de toda la información necesaria para completar correctamente los procesos.

Las herramientas utilizadas en esta fase de control son auditorías de trabajo estándar, mecanismos a prueba de errores *(poka yoke)*, caminatas *gemba,* tableros de gestión de indicadores en planta y conectados a dispositivos visuales que puedan consultar los integrantes de los eslabones y, posteriormente, en toda la cadena de valor.

Se instalaron oficinas de gestión por valor en la planta de plásticos y en la fábrica de bolsas, y se conectan semanalmente en reuniones virtuales con la unidad de entrega y con el cliente para, con esa periodicidad, evaluar resultados, oportunidades y tomar decisiones en equipo.

El reto de la IA en las cadenas de suministro

Como hemos visto en el ejemplo, existe una gran cantidad de variables a conocer, visualizar, calcular y controlar. Por ello es necesario diseñar algoritmos que, mediante IA, «enseñen» a los mecanismos a hacer los ajustes continuos necesarios. Estos se aplicarán en los cálculos de las cantidades a ordenar, comprar y transportar, o en mantener el inventario. Todo ello con el objetivo de conseguir una sincronización automatizada entre la demanda y la producción, ajustándose continuamente a los eventos que impactan en la toma de decisiones.

La IA ofrece grandes oportunidades para optimizar la eficacia y la eficiencia en la cadena de suministro. Algunas de estas se describen a continuación:

- **Mayor visibilidad**
  El uso de tecnologías IoT, sensores y sistemas de seguimiento permite rastrear productos y activos en tiempo real, lo que contribuye a comprender las variaciones que puedan ocurrir en la cadena de suministro por causas naturales y por causas especiales. Algunos de los beneficios de aplicar algoritmos de aprendizaje automático para analizar datos de seguimiento son tomar mejores decisiones, reducir riesgos y optimizar la velocidad de respuesta al cliente.

- **Planificación y pronóstico de la demanda**
  Mejorar la calidad de los datos que fluyen en la cadena de suministro mediante IA permite prever la demanda con mayor precisión, tanto la actual como la futura. Y, a partir de ahí, en cada eslabón, mejorar significativamente la planificación de la producción (previsiones de materiales, equipo, personal, transporte, espacios, inversión, etc.). A medida que avanza el proceso, estos datos son

cada vez más relevantes para evaluar continuamente la restricción del sistema e identificar las áreas de mejora.

- **Optimización de los inventarios**

  No es conveniente mantener grandes inventarios por diversos motivos: pueden quedar obsoletos en poco tiempo, ocupan grandes espacios y representan unos costos muy elevados por ser material esperando a ser procesado o transportado. La implementación de algoritmos predictivos permite anticiparnos a los cambios en la demanda y ajustar automáticamente los niveles de inventario.

- **Gestión de las relaciones de abastecimiento**

  Fortalecer sustancialmente las relaciones y la comunicación con las empresas proveedoras (SRM, siglas de *supplier relationship management*) desde la fuente de producción hasta la entrega final es una necesidad ineludible. Las plataformas de colaboración basadas en IA facilitan la comunicación y coordinación entre los participantes de la cadena de suministro. Chatbots y asistentes virtuales también pueden mejorar la interacción en tiempo real.

- **Integración tecnológica y desarrollo de talento**

  Inmersos en la transformación digital, los sistemas inteligentes están apoyando la democratización de sus herramientas, que han de ser utilizadas por todos los agentes de la cadena de suministro. Los procesos repetitivos, pesados, de riesgo, están siendo realizados progresivamente por máquinas, lo que permitirá a las personas desarrollar y desplegar todo su talento y creatividad para impulsar la innovación en todas las áreas: mejores productos y servicios que lleguen a más personas, menos errores; desarrollo de habilidades duras y blandas que permitan una mejor comunicación y satisfacción de las personas en todos los niveles de la cadena de suministro.

- **Analítica de datos y generación de información valiosa**

  Los datos son uno de los bienes más valiosos de las organizaciones. Las tecnologías digitales proporcionan la capacidad de recopilar y procesar datos masivos de los distintos eslabones de la cadena de suministro, realizar análisis en tiempo real e identificar inmediatamente posibles problemas. Los datos se convierten en información valiosa para tomar decisiones de alta calidad e impacto.

- **Optimización de la entrega de última milla**

  Los algoritmos de optimización son útiles para planificar rutas de entrega eficientes. Mejorar la eficiencia en la última etapa de distribución de los productos ayuda a reducir costos, aumentar la satisfacción de los clientes y la rentabilidad del proceso.

- **Gestión de riesgos y resiliencia**

  Desarrollar estrategias robustas de gestión y mitigación de riesgos es una actividad vital, así como la capacidad a adaptarse a cambios disruptivos más rápido que la competencia.

  La aplicación de técnicas de aprendizaje automático para predecir fallos en equipos y maquinaria o la implementación de programas de mantenimiento predictivo para reducir los tiempos de inactividad son medidas para alcanzar una ventaja competitiva importante. Los desastres naturales, los efectos del cambio climático o los eventos geopolíticos obligan a estar preparados para una adecuada gestión de riesgos.

- **Sostenibilidad y proveeduría ética**

  No podemos obviar que la IA facilita la adopción de objetivos de sostenibilidad y prácticas éticas para evitar actividades que pongan en riesgo el medio ambiente y la calidad de vida de las personas.

Su implantación contribuye a robustecer la colaboración y el compromiso de los integrantes de las cadenas de suministro con esos objetivos.

Mejora continua en la industria 4.0: aplicaciones

Lean Six Sigma e industria 4.0 son dos potentes enfoques que, cuando se combinan, pueden mejorar significativamente las operaciones en la cadena de suministro. Lean Six Sigma se centra en mejorar los procesos minimizando el desperdicio y reduciendo la variación, mientras que las tecnologías de la industria 4.0 ofrecen herramientas basadas en IA y el aprendizaje automático, como los dispositivos IoT, la automatización

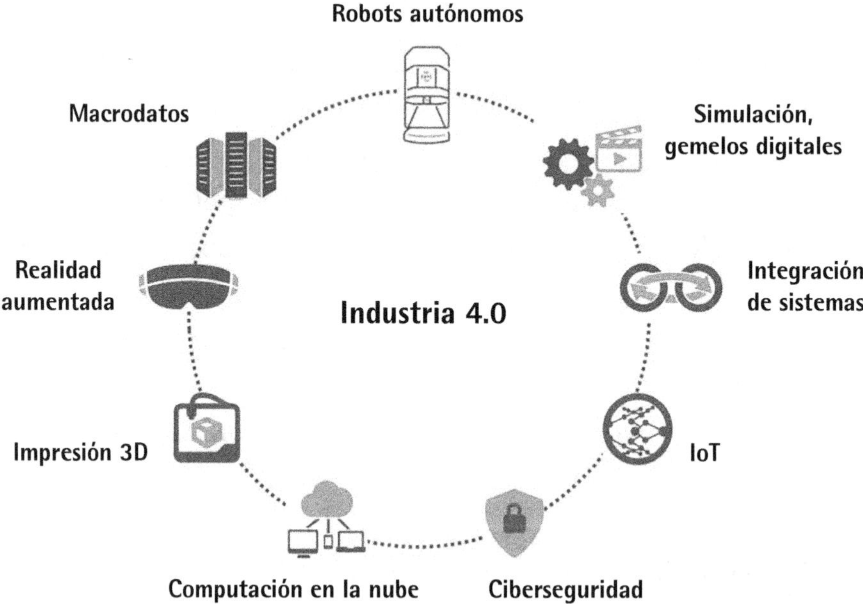

Fuente: Massachusetts Institute of Technology (MIT).

Figura 2.5. Tecnologías que componen la industria 4.0.

de procesos y el análisis de macrodatos, entre otras (véase la figura 2.5). Implementar ambas metodologías crea un efecto sinérgico que lleva a una mayor eficiencia, precisión y agilidad en la cadena de suministro.

La transformación digital ha tenido un profundo impacto en las cadenas logísticas, al revolucionar el modo en que se transportan, almacenan y gestionan los bienes a lo largo de la cadena.

Dentro de la metodología DMAIC (definir, medir, analizar, mejorar y controlar), descrita en este capítulo, las herramientas tecnológicas apoyadas en IA que describimos a continuación generalmente se aplican en la fase de mejorar, aunque también se emplean en las fases de análisis y control.

Robótica y automatización

Los robots y la automatización se han convertido en elementos clave de la cadena de suministro, transformando los procesos tradicionales y racionalizando las operaciones en toda la cadena. Al integrar estas tecnologías avanzadas, las organizaciones aumentan la eficiencia, reducen errores y mejoran la seguridad. La robótica y la automatización desempeñan un papel importante en las operaciones. En los almacenes, por ejemplo, los vehículos guiados automáticamente y los brazos robóticos se utilizan para tareas como recoger, embalar y clasificar mercancías. Las empresas distribuidoras utilizan sistemas robóticos automatizados en sus centros logísticos, lo que resulta en procesamientos de pedidos más rápidos y de mayor precisión. Además, la automatización contribuye a mejorar la seguridad laboral en las operaciones logísticas, en especial las relacionadas con tareas de riesgo y la manipulación de mercancías peligrosas.

En cuanto al transporte y la entrega de productos, los vehículos autónomos están adquiriendo cada vez mayor relevancia, especialmente en la distribución urbana de mercancías (DUM). Los camiones autónomos y los robots de reparto pueden transportar mercancías de forma segura y eficiente, reduciendo la necesidad de personal conductor y minimizando los costos laborales. Los drones también se están explorando como medio de entrega de última milla, ofreciendo opciones ágiles, rápidas y flexibles.

Simulación de procesos

La tecnología de simulación es útil para modelar, probar y optimizar procesos a lo largo de la cadena de suministro. El uso de modelos digitales que imitan las operaciones dentro de un sistema logístico –estudiando un determinado proceso aun sin tener acceso a datos en tiempo real– puede ser útil para analizar y predecir un comportamiento en diferentes escenarios. Cuando se utilizan datos en tiempo real, hablamos de *gemelos digitales,* que generalmente se usan para crear un modelo virtual de un objeto físico, diseñado para reflejar con precisión su comportamiento, pero que también son una potente herramienta para estudiar en un entorno virtual las etapas de la cadena de suministro. [Véase un ejemplo en el cuadro 4.3 del capítulo 4.]

Con la simulación en la DUM, por ejemplo, se pueden optimizar las rutas y los horarios de transporte. Al simular diferentes opciones de ruta basadas en factores como patrones de tráfico, condiciones climáticas y plazos de entrega, los departamentos de tráfico pueden determinar las rutas más eficientes de los vehículos. Esto da como resultado un menor consumo de combustible, una reducción de los vehículos en circulación y de las emisiones contaminantes, y tiempos de entrega minimizados.

En el caso de la gestión de los almacenes, la tecnología de simulación permite optimizar las operaciones de distribución. Al simular los flujos de bienes, de elementos de manutención y de personal, los equipos de gestión pueden experimentar con diferentes configuraciones e identificar la más eficiente. Con ello se pueden conseguir mejoras en los procesos de recolección de productos de las estanterías, del embalaje de los pedidos y de expedición de los envíos, lo que en su conjunto permite reducir de manera significativa los costos operativos.

La simulación también ejerce un papel clave en la evaluación y gestión de riesgos. Las empresas pueden simular posibles interrupciones en la cadena de suministro, como un retraso en el transporte, para comprender su impacto, desarrollar planes de contingencia y predecir la resolución de estas situaciones. Este enfoque proactivo ayuda a las organizaciones a mantener la resiliencia y la continuidad de sus operaciones.

Integración de sistemas

La integración de sistemas tiene un papel fundamental en la transformación de los procesos logísticos, al conectar diversas herramientas tecnológicas a lo largo de la cadena de suministro. Al integrar diferentes sistemas, las organizaciones pueden optimizar las operaciones, mejorar la comunicación y, en general, su eficiencia.

Así, los sistemas integrados permiten una resolución de problemas más ágil y un mejor soporte tanto a clientes como a proveedores. Una mayor precisión en el seguimiento en tiempo real de las operaciones, en las notificaciones sobre eventos, en las alertas automatizadas y en las estimaciones de entrega, genera una mejor experiencia del cliente.

La integración de sistemas entre diferentes departamentos y personas de la cadena de suministro fomenta la colaboración y la comunicación. Por ejemplo, al compartir datos con empresas proveedoras y distribuidoras, las transportistas pueden coordinarse mejor y evitar interrupciones de la cadena logística. Esto conduce a operaciones más fluidas y relaciones más sólidas con las partes interesadas.

Internet de las cosas

Los dispositivos IoT permiten la recopilación y el intercambio de datos en tiempo real a lo largo de la cadena de suministro, con lo que las empresas pueden mejorar la eficiencia, optimizar los procesos y mejorar el servicio al cliente. Por ejemplo, los sensores de geolocalización (GPS) y las etiquetas de identificación por radiofrecuencia (RFID) permiten el seguimiento y monitoreo en tiempo real de envíos y activos. Estos datos proporcionan información precisa sobre la ubicación y el estado de las mercancías en tránsito. Estos dispositivos pueden monitorear envíos sensibles a la temperatura y alertar de si hay desviaciones de los parámetros de seguridad. También posibilitan el mantenimiento predictivo de los equipos logísticos y de transporte, ya que los sensores IoT monitorean el estado de los vehículos y equipos, detectando posibles problemas antes de que provoquen averías. Programar un mantenimiento proactivo va a reducir el tiempo de inactividad y puede ampliar la vida útil de los activos.

Por otro lado, al integrar los datos de IoT con otras fuentes de información, como el tráfico y la previsión meteorológica, se optimizan rutas y horarios, logrando mayor efectividad en las entregas.

Asimismo, la tecnología IoT es útil para monitorear en tiempo real los niveles de inventario, lo que contribuye a optimizar la gestión de inventarios, a mantener niveles adecuados de *stock* y a mejorar las operaciones de almacén. Esto reduce el riesgo de desabastecimiento o exceso de existencias.

Ciberseguridad

A medida que las empresas especializadas en operaciones logísticas dependen cada vez más de las tecnologías digitales para gestionar sus operaciones, no se puede subestimar la importancia de medidas sólidas de ciberseguridad para salvaguardar los datos confidenciales y proteger los sistemas de posibles amenazas cibernéticas. Por ejemplo, para proteger los dispositivos IoT son convenientes medidas como la autenticación y las actualizaciones seguras de *firmware.*

Al manejar grandes cantidades de datos confidenciales –ya sean de clientes o de operaciones financieras– son necesarias otras medidas como el cifrado, los controles de acceso y los protocolos de comunicación seguros. Esto, además, mejora la confianza de los clientes al demostrar un compromiso para proteger sus datos y garantizar la seguridad de sus envíos.

La tecnología de cadena de bloques *(blockchain)* también contribuye a mejorar la confianza y la transparencia, al proporcionar un registro transaccional descentralizado para registrar transacciones y movimientos de mercancías. Esta tecnología puede ayudar a combatir la falsificación y proporcionar trazabilidad de extremo a extremo de los productos. Por ejemplo, hay plataformas digitales basadas en cadenas de bloques que permiten a las compañías transportistas participantes compartir datos de forma segura y transparente.

Computación en la nube y gestión de datos

La computación en la nube facilita el almacenamiento, el procesamiento y el intercambio de datos en toda la cadena de suministro. Permite a las empresas acceder a datos en tiempo real desde cualquier lugar y dispositivo, lo que facilita una mejor toma de decisiones y la colaboración, así como mejorar la visibilidad de la cadena de suministro y reducir los riesgos operativos. Junto a ello, la integración con sistemas de seguimiento y localización permite monitorizar en tiempo real los envíos en proceso, así como el inventario, lo que conlleva un mejor control, coordinación y optimización de la cadena de suministro.

Impresión en 3D

La impresión 3D, también conocida como fabricación aditiva, ofrece soluciones innovadoras para la producción, la gestión de la cadena de suministro y la optimización del inventario.

Con la fabricación aditiva se producen piezas y productos bajo demanda, lo que permite a las empresas de logística fabricar según necesidades en lugar de mantener grandes inventarios. Este enfoque, denominado «justo a tiempo», puede reducir significativamente los costos de almacenamiento y agilizar la cadena de suministro.

Utilizar la impresión 3D para producir piezas de repuesto de forma rápida y rentable reduce los tiempos de inactividad y mejora las operaciones de mantenimiento. Este enfoque es particularmente beneficioso para industrias con cadenas de suministro complejas y equipos costosos.

Realidad aumentada

Las tecnologías de realidad aumentada y realidad virtual aplicadas a las operaciones logísticas ofrecen soluciones innovadoras para capacitación, mantenimiento, gestión de almacenes y participación del cliente. Estas tecnologías inmersivas nos permiten, mediante el uso de gafas inteligentes o dispositivos móviles, acceder a superposiciones digitales de los diseños del almacén, localizar y seleccionar artículos de manera más eficiente y reducir los errores de recolección y preparación de pedidos.

También se usan en la formación y capacitación del personal del sector logístico, permitiéndoles aprender y practicar tareas en entornos realistas y simulados, bien sea de operaciones complejas, como la conducción de un equipo de manutención o la gestión del almacén. Y es que en este sentido, tanto la realidad aumentada como la virtual proporcionan a los equipos técnicos una guía visual e interactiva para mejorar el mantenimiento e inspección del almacén. La realidad aumentada puede superponer información digital en equipos físicos, lo que ayudará a diagnosticar y resolver problemas de modo más eficaz; la realidad virtual puede simular escenarios de mantenimiento, lo que permitirá practicar tareas en un entorno controlado.

Macrodatos

La gestión de macrodatos o *big data* se ha convertido en una fuerza transformadora en la gestión de operaciones en la cadena de suministro, permitiendo a las empresas utilizar grandes cantidades de datos para optimizar los procesos y mejorar la experiencia de los clientes. Al aprovechar el análisis de macrodatos, las empresas también obtienen otras ventajas competitivas, por ejemplo, en la gestión proactiva de riesgos.

Así, con el procesamiento de datos masivos, podemos identificar riesgos e interrupciones potenciales en la cadena de suministro, como retrasos o fallas en los equipos, antes de que ocurran. Esto nos permite tomar medidas proactivas para mitigar los riesgos y mantener operaciones de modo fluido.

Asimismo, el análisis de macrodatos puede proporcionarnos información valiosa sobre las preferencias y el comportamiento de los clientes. Al comprender sus necesidades, podemos ofrecer servicios a medida, como opciones de entrega personalizadas y actualizaciones de seguimiento en tiempo real.

Conclusión

Las aplicaciones de la IA y las herramientas digitales que hemos descrito contribuyen a la mejora continua y la optimización de las cadenas de suministro. Ayudan particularmente a que las empresas operadoras de logística y transporte puedan optimizar las rutas, gestionar los inventarios e, incluso, a pronosticar la demanda de sus servicios. Al analizar grandes conjuntos de datos, los algoritmos basados en IA pueden identificar patrones y tendencias que informan la toma de decisiones. Esto conduce, por ejemplo, a una planificación de rutas más eficiente, un menor consumo de combustible y tiempos de entrega minimizados, lo que revierte positivamente en toda la cadena de suministro.

La IA, con sus aplicaciones en procesos de automatización, aprendizaje automático y análisis de datos, está transformando la cadena de suministro, al proporcionar herramientas de mejora continua que incrementan la eficiencia en las operaciones y una mejor capacidad de adaptación a los cambios en el entorno empresarial.

3

Previsión de la demanda

Javier Cortina Aurrecoechea
*Consultor especializado en sistemas de gestión
de la cadena de suministro*

Bien podríamos aceptar que el objetivo de un buen planificador es cumplir. Cumplir con el compromiso adquirido por la compañía con su cliente en tiempo y calidad, y también en eficiencia en la utilización de los recursos de la empresa. Requiere, por tanto, conocer bien las expectativas del cliente, a la vez que los procesos necesarios para satisfacerlas.

El dilema del planificador

La tarea de planificar no es sencilla y en la mayor parte de los casos sitúa al planificador entre su departamento comercial, que tiene que alinearse con los cada vez más exigentes requerimientos de sus clientes, y sus departamentos de operaciones, sean de producción o de logística, que aportan a la ecuación sus múltiples dificultades a modo de limitaciones.

Los clientes demandan una mayor *versatilidad de productos* que se adapten cada vez más a sus propias necesidades cambiantes. La personalización llevada al extremo nos lleva a situaciones en las que, en muchas empresas, cada cliente puede acabar configurando su producto como un producto único, y la empresa verse obligada a darle esa opción por la agresividad de su competencia.

Pero es que además buena parte de los clientes no se conforman con eso, sino que añaden a esta versatilidad cada vez más exigencias de *flexibilidad:* a la hora de configurar y poder cambiar su producto, así como en el plazo en el que lo quieren. Los clientes lo quieren aquí y ahora, pero exactamente como a ellos les gusta. Ocurre prácticamente en todos los sectores y se trata de una tendencia que, lejos de simplificarse, parece que solo tiende a complicarse.

Así, por un lado, una demanda más compleja frente a la que poco puede hacer la compañía, y por lo tanto el planificador. Y si añadimos a esta complejidad la participación en mercados cada vez más globales nos daremos cuenta de que nuestra capacidad para entender y anticipar esta demanda solo se complica.

Por otra parte, el planificador también debe hacer frente a las limitaciones de su propia estructura de fabricación y operaciones. Atender a la primera solo es posible si la segunda tiene la tecnología y la capacidad para satisfacerla. Y hacer todo esto de manera eficiente.

Como decíamos, el planificador debe equilibrar un triángulo mágico que combina, por un lado, la necesidad de atender necesidades cada vez más complejas y, por otro, hacerlo de manera operativamente eficiente sin incurrir en inversiones innecesarias.

Podemos adelantar fabricación para reducir plazos de entrega, pero esto implicará inmediatamente una mayor inversión en inventarios.

Podemos hacer lanzamientos de tiradas más cortas de producto para reducir los plazos de entrega, pero ello nos llevará de cabeza a un incremento de costos de operación. Hacer lo contrario, es decir, priorizar campañas más largas de producto, reducirá nuestra flexibilidad para atender cambios, a la vez que aumentará nuestro inventario.

El planificador debe buscar un punto óptimo considerando diversas variables que intervienen en su ecuación.

Definir el problema

El problema en sí mismo consistirá en determinar las cantidades a fabricar del producto en cada momento minimizando los costos de operaciones y logísticos al tiempo que se minimiza la inversión en capital circulante.

Para encontrar ese ansiado punto óptimo que maximice los niveles de servicio a la vez que mantiene la eficiencia de operaciones y los costos de inventario bajo control, son varias las decisiones que debe tomar la empresa, y que afectan principalmente a la definición del producto, del proceso y del modelo que se quiere conseguir:

- **Definir el producto.** Es decir, acotar cuál es el producto que se va a comercializar y cuya demanda debe atender. Esto incluye no solo el producto base en sí mismo sino las diferentes opciones de configuración que determinarán el producto final a entregar.

- **Definir el proceso** por el cual se va a satisfacer la oferta del producto. El producto o algunos de sus componentes pueden ser fabricados dentro de la compañía o pueden ser adquiridos externamente. A su vez pueden ser montados en las propias instalaciones, embalados o cualquier combinación alrededor de estas operaciones.

- **Definir el modelo** de cumplimiento o *fulfillment,* es decir, cómo se va a satisfacer la producción o adquisición –y en su caso montaje– de los productos. Por ejemplo, cuando la estructura de producto lo permita y, por tanto, su lista de materiales se configure de esta manera, podrá adelantarse fabricación de productos intermedios. Esto permite separar los ciclos de fabricación de *upstream* o corriente arriba en el proceso, de los de *downstream* o corriente abajo. De esta manera se puede ganar flexibilidad en la finalización del producto a entregar y, por tanto, acortar plazos de entrega y mejorar el nivel de servicio al tiempo que se trabaja en las fases iniciales con tiradas más largas, con la consiguiente ganancia de eficiencia en las operaciones.

  Igualmente, la definición de este modelo determinará a qué nivel de agrupación de producto o semiproducto es necesario adelantar la previsión de la demanda.

Una vez definidos el producto, con su lista de materiales, y el proceso, con la ruta resultante, determinarán la manera en que comunicaremos internamente las necesidades derivadas de la demanda prevista.

Por esta razón, la definición previa de estos factores es requisito fundamental para entender cómo ha de capturarse la demanda a satisfacer.

Es decir, qué entendemos por producto o servicio a entregar, cómo lo configuramos y cómo trasladamos las necesidades a quien ha de satisfacerlas. No olvidemos que serán los departamentos de operaciones los encargados de hacerlo y el departamento financiero el que debe garantizar que los recursos financieros necesarios estén disponibles.

Estamos en lo que se conoce como IBP (siglas de *integrated business planning* o planificación integrada de negocio) que da solución al S&OP (de *sales and operations planning* o planificación de ventas y operaciones).

No se le escapa al lector que en el centro de todo esto está lo que llamamos planificación de la demanda. Es decir, saber —o mejor dicho prever— cuál va a ser la demanda de los productos o servicios que como empresa deberemos satisfacer, y cuándo consideramos que esta demanda debe ser satisfecha.

Por qué necesitamos prever

En realidad, si el producto o servicio que requiere mi cliente lo pudiera satisfacer siempre en el momento en que este lo requiera o solicite no necesitaría previsión de demanda alguna.

Llevamos al extremo un modelo de *fulfillment* MTO (siglas de *make to order* o fabricación contra pedido) que no requeriría ninguna previsión. El fabricante esperaría a que el cliente haga su pedido con las características requeridas y procedería entonces a darle un plazo de entrega a la par que un precio.

Claro que esto ocurre, si acaso, en casos muy limitados y la realidad es normalmente bien distinta. Se han de dar las condiciones extremas de que el cliente no tenga soluciones alternativas válidas y esté dispuesto a esperar todo lo que fuera necesario y a pagar el costo resultante, junto con el margen que decida aplicarle el fabricante/vendedor. Puede darse en casos muy exclusivos (como la contratación de una obra a un pintor), pero en la gran mayoría de los casos se hará necesario un cierto ejercicio para tratar de estimar y adelantar la demanda.

Con la estimación de lo que me van a comprar, podremos empezar a adelantar compras o incluso fabricación de productos intermedios. Podremos ajustar la contratación de equipos y, si fuera necesario, completar nuestra capacidad de producción con subcontratas externas.

Adelantar necesidades de las materias primas o la fabricación de productos intermedios hará posible que prometamos plazos más cortos de entrega y que dotemos a nuestras operaciones de mayor flexibilidad en la manera de organizarse, pudiendo así alcanzar mayores cotas de eficiencia.

Podremos igualmente estimar cuáles son los resultados previsibles, lo que facilitará también la comunicación con inversores y otros agentes interesados en nuestra compañía.

Así pues, una buena previsión nos da luz sobre el futuro más inmediato y nos permite tomar decisiones adecuadas para gestionarlo mejor.

Sin embargo, prever no es sencillo, y una mala previsión también nos puede llevar a decisiones erróneas. Estas pueden acarrear pérdidas de clientes derivadas de un mal nivel de servicio, costos excesivos de un inventario que pensamos que íbamos a vender pero que lamentablemente se eterniza en nuestros almacenes, reducciones de precios importantes para conseguir liquidar estos productos sin salida o incrementos en los costos de operaciones para tratar de corregir las desviaciones en nuestros planes.

Siendo conscientes de los riesgos de una mala previsión y de los beneficios de acertar en lo que el futuro nos depara, son muchos los esfuerzos que ha puesto la humanidad en este afán por conocer de antemano lo que nos depara el futuro. Desde bolas de cristal hasta inverosímiles combinaciones de cartas y brujerías de individuos dotados con una especie de talento supernatural. Por suerte con métodos que se han quedado atrás. En el mundo moderno, han sido las matemáticas, los datos y los modelos realizados con ellas las que, dando algo de seriedad al ejercicio, nos lo han permitido. Sin embargo, tal y como ya apuntaba en 1973 George W. Plossl, en un célebre artículo titulado

«Getting the most from forecast», sea cual sea la experiencia, o la técnica utilizada en la generación de previsiones, estas son siempre erróneas. Según este autor, las previsiones son como el sexo: lo debemos tener, no podemos estar sin él, todo el mundo lo hace de una u otra forma, pero nadie está seguro de estar haciéndolo bien.

La gestión de previsiones era entonces y sigue siendo uno de los principales problemas en la gestión eficiente de las operaciones de nuestras fábricas. El foco de los profesionales de la planificación, tal como apuntaba Plossl, ha estado desde los primeros días en conseguir mejores previsiones. Sin embargo, él apuntaba que su preocupación era ya no tanto mejorar la previsión sino, admitiendo que esta nunca será perfecta, cómo hacer mejor uso de la información generada.

Mejorar las previsiones, así como interpretarlas adecuadamente y optimizar en lo posible el uso de las mismas, sigue provocando dolores de cabeza a los planificadores de demanda. En este capítulo trataremos de compartir algunas ideas que nos permitan avanzar en ambos objetivos.

Por qué fallan las previsiones

Nos vamos a apoyar en las consideraciones del mismo autor citado ya que en buena medida sus observaciones de entonces siguen siendo válidas.

Como apuntaba antes, más de una vez no es tanto el proceso de previsión, ni el modelo matemático aplicado, sino la definición del problema a resolver y el enfoque de resolución lo que nos impide llegar a resultados adecuados y eficientes en su aplicación.

Tratar de predecir una gama de productos compleja en lugar de agrupaciones de productos o semiproductos complica los cálculos sin asegurar un mejor resultado operativo.

Pero veamos cuáles eran –y, en mi opinión, todavía son en buena medida– las seis razones por las que, según Plossl, las previsiones fallan a la hora de generar resultados útiles:

1. Esfuerzo individual.
2. Expectativas no realistas.
3. Una segunda aproximación.
4. Objetivos en conflicto.
5. Tratar de prever las cosas equivocadas.
6. No hacer un seguimiento a tiempo.

Todas ellas aplicables también hoy. Y me permito añadir que las previsiones fallarían menos si actualizáramos con más frecuencia los modelos de previsión, aprendiendo de las mediciones y desviaciones e incorporando nueva información disponible. Es evidente que las capacidades para hacer esto han mejorado sustancialmente desde que, a finales del pasado siglo Plossl publicara su artículo.

Desarrollemos un poco estos puntos.

Esfuerzo individual

Se lo digo con frecuencia a mi equipo, «Superman no existe, era un cómic. Pero es que, si existiera, la probabilidad de que seas tú es francamente baja».

Ningún planificador o pequeño grupo de personas, ninguna técnica estadística concreta, puede saber suficiente sobre todos los factores que intervienen en la configuración de la demanda como para generar una previsión adecuada. Veremos que con la mayor capacidad de computación y los avances en tecnología de los últimos años estamos cerca de cuestionar esta afirmación, pero todavía no estamos ahí. Sencillamente es muy difícil llegar a controlar en cada proceso de previsiones todos los factores que intervienen, ni siquiera los más significativos.

Este pequeño grupo puede, sin duda, analizar datos históricos y utilizar métodos estadísticos que han funcionado en el pasado, incluso corregirlos para adaptarlos a variables nuevas o nuevos valores de variables existentes. Puede contrastar esos resultados con su red de ventas, incluso en modelos más avanzados con la colaboración de sus clientes. Podemos tratar de replicar el pasado con mejor o peor fortuna, pero como apunta Plossl, «evaluar cómo el futuro va a diferir del pasado es otra cuestión».

A la hora de generar una nueva previsión van a intervenir un número significativo de variables internas como la evolución del producto, mejoras y modificaciones al mismo, el nivel de servicio provisto por la empresa en los diferentes clientes y mercados, y la percepción del mismo por parte de estos, o las actividades que se le ocurran al departamento de *marketing* para lanzar o promocionar este u otro producto o familia de productos. Pero es que al mismo tiempo van a intervenir un número nada desdeñable de factores externos. Entre estos pueden estar el clima, dependiendo del producto o servicio cuya demanda tratemos de anticipar; la competencia y su obsesión por hacernos la vida más complicada; desarrollos tecnológicos; nuevas consideraciones legales o geopolíticas como hemos vivido en más de una ocasión en el pasado reciente, o nuestros propios clientes y sus necesidades y preferencias cambiantes. Obtenidos los resultados, está, como decíamos antes, la propia interpretación de estos. Normalmente los procesos de generación de previsiones no están totalmente automatizados, sino que pasan por revisiones del equipo comercial o de otros equipos con un punto de vista sobre las mismas. A veces también las propias previsiones se ven afectadas por restricciones internas de las operaciones de la compañía.

Así, quien ha de interpretar los resultados debe conocer cómo se han generado, de manera que se tenga esto en cuenta a la hora de introducir posibles correcciones.

Expectativas no realistas

La tesis de Tal Ben-Shahar sobre la felicidad desaconseja caer en el perfeccionismo ya que es fuente continua de frustración. Bueno, pues aquí aplica la misma. Las expectativas sobre las previsiones de demanda deben ser razonablemente realistas, más cercanas al «optimalismo» de Ben-Shahar. Cualquier otro enfoque solo conllevará frustración y discusiones inútiles en la organización.

Una segunda aproximación

Recuerdo que, en las previsiones de demanda de una conocida fábrica de herramientas, la revisión por parte de los equipos comerciales llevaba sistemáticamente a previsiones menos acertadas que las que generaba el propio sistema informático de previsiones. Sin embargo, era muy complicado, por no decir imposible, contradecir las mencionadas correcciones por quien argumentaba estar más cerca de la calle que nadie en la empresa. Eso, en principio, era cierto, aunque como se demostraba no era razón suficiente. Está comprobado que esta segunda aproximación guiada por el sentir de los expertos, no suele mejorar sino que degenera los resultados estadísticos. Aunque no lo parezca y la tecnología aquí no pueda defenderse, normalmente dispone de más y mejor información. Cada vez más y mejor, gracias al avance de nuevas tecnologías y la inteligencia artificial.

Objetivos en conflicto

Es un problema de manual en el que el planificador tiene un rol de apaciguador permanente. Los objetivos de las distintas partes de la organización no solo difieren, sino que colisionan entre sí. De esta forma es necesario defender la propuesta de previsiones, que quizás no sea tan optimista como le gustaría a la dirección comercial para poder así motivar a su equipo de ventas, ni tan pesimista ni monolítica como desearía la dirección de producción para así justificar tiradas más largas y mejorar su productividad. La realidad es tozuda y aceptarla exige su esfuerzo, pero para conseguir mejorar las previsiones de demanda es necesario un ejercicio de objetividad no siempre sencillo.

Tratar de prever las cosas equivocadas

Un factor clave de éxito en cualquier implantación de un sistema de gestión comercial y de fabricación o montaje es la definición de sus datos maestros. Es clave definir qué es un producto y qué subproductos forman parte de él. Y lo es no solo para poder identificar cada producto o parte de él, sino también porque esta estructura nos va a facilitar en buena medida nuestra gestión de inventarios y la gestión de la propia producción y montaje. Nos ayudará a determinar las políticas de reaprovisionamiento de cada componente y, por tanto, el modelo de previsiones que debemos considerar. Veamos un ejemplo en el cuadro 3.1.

No hacer un seguimiento a tiempo

Por último, podemos recuperar aquí el viejo dicho que defiende que se consigue aquello que se mide *("You get what you measure")*. Y es que esta afirmación aplica igualmente a la mejora de las previsiones. Si bien, como veremos después, estas son siempre erróneas, mejorarlas pasa necesariamente por medirlas y aprender de las desviaciones pasadas. Recomendaba entonces Plossl hacer un seguimiento regular y frecuente de estas desviaciones como clave para la mejora de previsiones. Y aquí, como veremos a continuación, la inteligencia artificial ha venido para quedarse, y para ayudar en esta complicada y siempre imperfecta tarea.

Digitalización y previsión de la demanda

En los últimos años, quizás una de las palabras más sobreutilizadas haya sido la digitalización. El bálsamo de Fierabrás para casi cualquier problema empresarial. Había que digitalizarse. Muchos no entendían entonces qué implicaba esto y por extensión entendieron que consistía en profundizar en la adopción de nuevas tecnologías. Implantar sistemas integrados, disponer de una web al mundo y medidas similares eran sin duda avances importantes, suponían incorporar nuevas tecnologías y conseguir niveles de eficiencia y productividad significativamente mejores. Pero la digitalización real nace con la implantación de

Cuadro 3.1
Ejemplo de mejora con un sistema
de previsión de la demanda

Cuando hace ya unos años nos planteamos la instalación de un sistema de gestión de la producción en una importante fábrica de tubos española, uno de los primeros problemas con los que nos enfrentamos —y quizás el problema principal de toda la implantación— fue definir qué era para nosotros un producto.

Es evidente que un producto era aquello que se vendía, pero en un caso como este la combinación posible de grados de acero, dimensiones, espesor, largo, diámetro y otras características harían imposible definir todas las alternativas con un código de producto. Además, consideremos que fabricar un lote de tubos requiere la fabricación de la colada de acero, su forma inicial de lingote o «tocho», que luego pasaría a ser extrusionado y estirado hasta su forma final. Esto hace que obtener un pedido necesite varias semanas

la cultura del dato. Empezamos a pensar de otra manera, en capturar procesar y compartir datos como medio principal para mejorar nuestras decisiones y nuestras relaciones empresariales. Digitalizar supone poner el dato en el centro.

Con la aparición de nuevos acrónimos, casi siempre de términos en inglés, esta cultura ha ido tomando cuerpo. A las empresas se les abrieron nuevas fronteras donde recabar y compartir información.

desde su solicitud hasta la entrega final, transporte no incluido. Así, era necesario montar un sistema de previsión de su demanda. Pero en este caso hacer previsiones sobre lo que pedirían los clientes era misión imposible, como hemos apuntado anteriormente.

Son muchas las compañías que ofrecen a sus clientes la posibilidad de múltiples opciones de acabado de un determinado producto base y que requieren prever la demanda para anticipar los recursos necesarios para producirla, o plazos competitivos de entrega.

Volviendo al ejemplo de los tubos, mientras que prever la demanda de cada uno de los productos que los clientes solicitarían era imposible, no lo era tanto si agrupábamos los productos por características clave que permitieran planificar coladas de aceros o campañas de espesores. Así llegamos al TNADE, siglas que se referían a tubo con su norma, acero, diámetro y espesor. Así, definiendo estos TNADE como productos base, conseguimos montar un sistema de previsiones y planificación más fiable y eficiente. Ocurre lo mismo en otros muchos sectores.

Realizar las previsiones del nivel de jerarquía o agrupación adecuado permite resultados mucho más fiables y eficientes. Intentar estimar la demanda final de cada opción no siempre es posible y generará frustraciones irreconciliables en la organización. ▪

Los datos han llegado así a ser el nuevo petróleo por el valor que aportaban a las organizaciones que sabían o saben usarlos. Una nueva manera de pensar, con más y mejores datos junto con una mayor capacidad de proceso forman el cóctel perfecto para soportar decisiones mejores y más rápidas. Muchas de ellas inimaginables tan solo unos años atrás.

Inteligencia artificial y aprendizaje automático en la gestión de previsiones

Una vez hemos comprendido mejor qué es y cuáles son las características de la previsión de la demanda. Una vez que hemos aceptado el hecho cierto de que la previsión de la demanda, si por algo se caracteriza es por ser errónea. Y no consideramos aquí el hecho de que la evolución tecnológica puede acelerar nuevos productos, nuevas formas de satisfacer necesidades existentes o incluso de generar nuevas necesidades que sustituyan o se prioricen sobre las anteriores, vemos que todo ello afecta a nuestro mercado objetivo y, por tanto, a la demanda inicialmente previsible de nuestros productos o servicios.

Así, si nos ceñimos a nuestros productos y mercados conocidos, lo cual es mucho ceñirse probablemente, y si tratamos de proyectar la demanda tal y como la conocemos, existen maneras de mejorar y disminuir estos errores de previsión. Vamos a explorar aquí lo que supone la llamada *previsión de demanda inteligente.*

Como hemos visto en el apartado anterior, la digitalización aporta una nueva cultura del dato a la toma de decisiones. Esta, unida al desarrollo significativo de la capacidad de proceso informático, nos lleva a una nueva realidad donde se abren opciones antes imposibles.

En la previsión de la demanda, la digitalización ha supuesto igualmente un cambio de paradigma. Si tradicionalmente la previsión ha estado ligada a cálculos matemáticos y la utilización de modelos estadísticos, la irrupción del aprendizaje automático y la inteligencia artificial (IA) han dado un nuevo impulso a las capacidades predictivas. Por ejemplo, anteriormente, para crear un algoritmo predictivo, las variables desconocidas debían inferirse. Pues bien, los algoritmos de aprendizaje automático se construyen con capacidad para interpretar estas variables desconocidas con valores posibles y así proceder a obtener una mejor previsión. Estos algoritmos son hoy capaces de procesar mucha más información y detectar pautas complejas llegando así a predicciones más precisas.

La nueva generación de herramientas de gestión de previsiones de demanda se apoya en nuevas capacidades de IA, como algoritmos de previsión basados en aprendizaje automático. Los planificadores pueden utilizar ingentes cantidades de datos estructurados o no estructurados y permitir a los algoritmos buscar pautas y relaciones mucho más allá de lo que los sistemas tradicionales de previsión podían hacer.

Son incluso capaces de integrarse con aplicaciones de *marketing* o *pricing* para sugerir –si no provocar directamente– acciones que pueden influir en el comportamiento de la demanda prevista. Potencialmente, la integración con plataformas abiertas podría –por qué no– facilitar información real sobre, por ejemplo, lo que *influencers* de moda puedan estar promocionando en Tik Tok e incorporarlo en su modelo de previsión. Es la combinación de lo que se conoce como *demand sensing* y *demand shaping,* o detección de la demanda y configuración de la misma, respectivamente. Por un lado, se trata de conocer mejor la información que generan las pautas de demanda. Integrar información existente, compararla con modelos y resultados anteriores, integrar información externa para determinar las pautas previsibles de lo que será la demanda en el periodo analizado. La configuración de la demanda es un proceso que no solo utiliza esta información para generar una mejor previsión de la misma, sino que actúa integrada con otras capacidades para proponer acciones de mejora alineadas con los objetivos predeterminados.

El límite es casi infinito en un entorno que evoluciona a gran velocidad en la dirección de mayor intensidad de información y capacidad de integración y proceso. No lo tiene fácil nuestro amigo el planificador y, sin embargo, cada vez tiene herramientas más potentes disponibles.

Pero huyamos de algunos mitos. De momento, estos modelos son más avanzados, sí, pero requieren sin duda la intervención humana y están sujetos a las limitaciones reales, las ventajas e inconvenientes de esta intervención.

Es cierto que tal y como describen Kissinger, Schmidt y Huttenlocher en *The age of AI,* el caso de AlphaZero en el mundo del ajedrez hizo ver que la IA podía, al menos en el juego, superar los límites del razonamiento humano, ganando a grandes maestros del ajedrez, con jugadas que estos ni siquiera imaginaron (como se ha explicado en el primer capítulo). Pero también lo es que estos modelos deben de ser configurados y entrenados por personas que definen los problemas a resolver y el marco en que deben de estar resueltos.

AlphaZero proporciona una perspectiva interesante de lo que puede alcanzar el mundo de lo posible cuando estas capacidades se lleguen a democratizar, pero todavía estamos lejos de este escenario.

De momento, la puesta en marcha de modelos de aprendizaje automático e inteligencia artificial requiere procesos más o menos estandarizados, con su definición, configuración, prueba, aprendizaje y paulatina optimización. Todo ello supervisado por personas familiarizadas con el proceso en sí, sus objetivos y posibilidades.

Cierto también que este enfoque tiene el riesgo de la excesiva influencia de la experiencia previa y preconcepciones en este equipo de profesionales. Cierto como decíamos antes que el proceso de previsiones debe de ser un proceso abierto y completado en equipo. Sostiene Plossl que una de las razones por las que fallan las previsiones es que, más a menudo de lo deseable, se enfocan como un ejercicio personal, y no de equipo. Así, abrir las conclusiones a un equipo más amplio es fundamental, pero también lo es en la actualidad ampliar el análisis y cuestionar pautas sugeridas por modelos más potentes y enriquecidos; por tanto, educar al equipo en saber aceptar esto también. Recordemos que es el eslabón más débil el que marca la velocidad del equipo.

Pasos para su implantación

Sin pretender ser excesivamente exhaustivos, vamos a compartir los principales pasos que requiere la puesta en marcha de un sistema de previsiones avanzado, basado en nuevas tecnologías y capacidades digitales como el descrito.

Paso 1: Los datos. Como hemos comentado anteriormente la puesta en marcha de un sistema de estas características requiere un sólido conocimiento del entorno que se propone prever. Una parte fundamental es el definir los datos que serán necesarios y se considera que van a influir en la generación de estas previsiones. Datos de ventas históricas al nivel de definición requerido –recordemos la importancia de definir bien el objeto de la previsión, el producto a prever–. Esta información hay que completarla con otros objetos que van a influir en la configuración de la demanda. Estos pueden ser factores o información meteorológica, promociones y otras campañas o actividades de *marketing,* calendario de festivos, precios, tendencias macroeconómicas, eventos relevantes en mercados objetivos, etc. Hay que tener en cuenta cualquier dato que se considere que, en menor o mayor medida, puede influenciar la generación de la demanda. Ni que decir tiene que la selección de datos es un proceso que evolucionará en el tiempo con la consolidación de aprendizajes.

Paso 2: Preparación del dato. Los datos deben hacerse accesibles a los algoritmos de aprendizaje automático. Esto incluye la definición de acceso –por ejemplo, si accedemos a la web de un competidor para determinada información–, formateo, limpieza y eliminación de duplicados, o el enriquecimiento si fuera necesario con información adicional.

Paso 3: *Clustering.* Organización de los datos en grupos relevantes para la determinación de la demanda. Requiere un sólido conocimiento del negocio y el mercado. Ejemplos de agrupaciones consideran geografías, tipologías o series de características de producto relevantes para el mercado o segmento de clientes objetivo.

Paso 4: Definición de reglas. En este paso se definirán las reglas que relacionarán la demanda con los «influenciadores» o *drivers* de demanda. Se define aquí, por ejemplo, cómo tratar los datos, si utilizar el dato mismo o medias por periodos, la frecuencia de uso, los rangos, etc. La clave es usar métodos que sean lógicos, fiables en su utilización y que respeten el sentido de negocio del modelo.

Paso 5: Creación del modelo. Seleccionando y relacionando los componentes anteriores.

Paso 6: Entrenamiento. Educación del modelo. Las reglas del paso 4 y las agrupaciones del paso 3 son probadas para determinar pautas relevantes en la configuración y predicción de la demanda. Se trata de confirmar relaciones y validar su relevancia. Hay que simplificar el modelo tratando de centrarlo en lo que es realmente relevante, evitando así ruido y complicaciones sin valor añadido significativo. Una vez entrenados y refinados los modelos, estos se pueden ejecutar comparando resultados alternativos, o incluso combinar varios modelos para optimizar los resultados.

Resultados

Los nuevos sistemas de gestión de previsiones no solo facilitan los datos de la previsión en sí misma. Sostenía Plossl que una mejor revisión no debería facilitar únicamente el dato de la previsión de la demanda, sino además facilitar información sobre la fiabilidad prevista del mismo.

Los nuevos sistemas de gestión de previsiones mejoran este nivel de transparencia al facilitar las bases y consideraciones utilizadas en las previsiones propuestas, reducir el riesgo de «contaminación» por presunciones del equipo, facilitar más información y transparencia para la interpretación –y, por tanto, la aceptación de los resultados–, y al completar estos con sugerencias de mejora que van más allá de la propia función de planificación.

Los modelos fortalecidos con IA y aprendizaje automático dotarán a la organización de previsiones más ágiles, menos costosas, más actualizadas y mejor informadas.

Pero con eso no basta. Será necesario, como ya hemos comentado, un rediseño del proceso considerando todos los agentes. Se debe automatizar cuando sea posible y recomendable, pero formando e informando a todos los intervinientes en el proceso. Y esto incluye no solo a agentes tradicionales (como los departamentos de operaciones o gestión comercial), sino a un conjunto extendido de partes interesadas *(stakeholders),* que puede transcender incluso los límites de la organización.

La digitalización es una nueva cultura, una nueva forma de pensar para rediseñar procesos y relaciones para un entorno más eficiente y alineado con los objetivos perseguidos.

El nivel de implantación es todavía bajo. Un reciente estudio de la consultora McKinsey lo estima en un 7 % del colectivo analizado. La plataforma Anaplan sube esta cifra a un 25 %, aunque habría que entrar en el detalle de qué consideran como adopción de estas nuevas herramientas.

La realidad es que se trata de un entorno con un potencial enorme, como hemos visto, pero también con un ritmo de evolución muy exigente. Así que corresponderá en cada momento y a cada organización determinar el alcance de la transformación a acometer. Sea cual sea esta, bienvenidos una vez más a este nuevo futuro.

Bibliografía

Baer, Tobias; Kamalnath, Vishnu: Controlling machine-learning algorithms and their biases. Mckinsey.com, nov 2017.

Banker, Steve: Tata Steel and Anaplan. Tata Steel Europe's Connected Planning Journey. Forbes, 2021.

Busom, Marc. *Tecnologías para liderar el futuro*. Marge Books, 2023.

Kissinger, Henry A.; Schmidt, Eric; Huttenlocher, Daniel: *The age of AI and our human future*. Little, Brown and Company, 2022.

McKinsey: *The state of AI in 2023: Generative AI's breakout year*. Agosto 2023. https://www.mckinsey.com/capabilities/quantumblack/our-insights/the-state-of-ai-in-2023-generative-ais-breakout-year.

Orlicky, Joseph. *Materials requirements planning*. Joseph Orlicky, 1975.

Palmatier, George E.; Crum, Colleen: *Enterprise sales and operations planning. Synchronizing demand, supply and resources for peak performance*. Integrated business management series & APICS, 2002.

Plossl, George W.: *Getting the most from forecast*, 1972.

4
Gestión de las operaciones con IA

Ángel Caja Corral
Consultor en operaciones y cadena de suministro

En este capítulo vamos a hacer un recorrido a través de las operaciones de una empresa, para desgranar sus retos actuales y ver cómo las nuevas tecnologías y, especialmente la inteligencia artificial (IA), pueden ayudar a abordarlos y gestionarlos de la manera más eficiente posible.

El alcance de las operaciones

En algunas empresas o textos se entienden por operaciones la parte manufacturera y todos sus departamentos asociados, mientras que la cadena de suministro es la parte más logística.

En este libro vamos a tratar las operaciones como todos los eslabones que forman parte de la cadena de valor (véase la figura 4.1). En definitiva, donde ocurren las cosas, desde la previsión y la planificación de la demanda hasta que el cliente recibe el producto o servicio (sin olvidar la logística inversa), y por supuesto, pasando por la fabricación de los productos.

Vamos a explorar a qué retos se enfrentan en cada uno de los eslabones de la cadena de valor, las dificultades para gestionarlos, y cómo impactan en cada eslabón, y, por tanto, en la empresa.

Veremos cómo la IA puede ayudar a la gestión eficiente de estos retos con ejemplos concretos, ya que cada eslabón requiere soluciones específicas. Es fundamental que estas soluciones no sean aisladas, y que estén perfectamente alineadas a través de toda la cadena de valor con la estrategia de la compañía y con lo más importante, la propuesta de valor y las expectativas de los clientes.

Por último, reflexionaremos sobre el impacto de la IA en el entorno de las operaciones, la resistencia a su adopción, los temores y los nuevos retos que la IA origina, porque no todo es un camino de rosas: la evolución también hay que gestionarla.

La estrategia y la IA

Es evidente que la gran mayoría de empresas están embarcadas en la implantación de tecnologías digitales o se lo están planteando seriamente. Parece claro que dar la espalda a las estas tecnologías y no aprovechar lo que pueden ofrecer a las organizaciones, las dejaría en clara desventaja. Pero lo que también es evidente es el riesgo que supone subirse a ese barco solo porque el resto lo está haciendo, es decir, hacerlo sin un criterio claro.

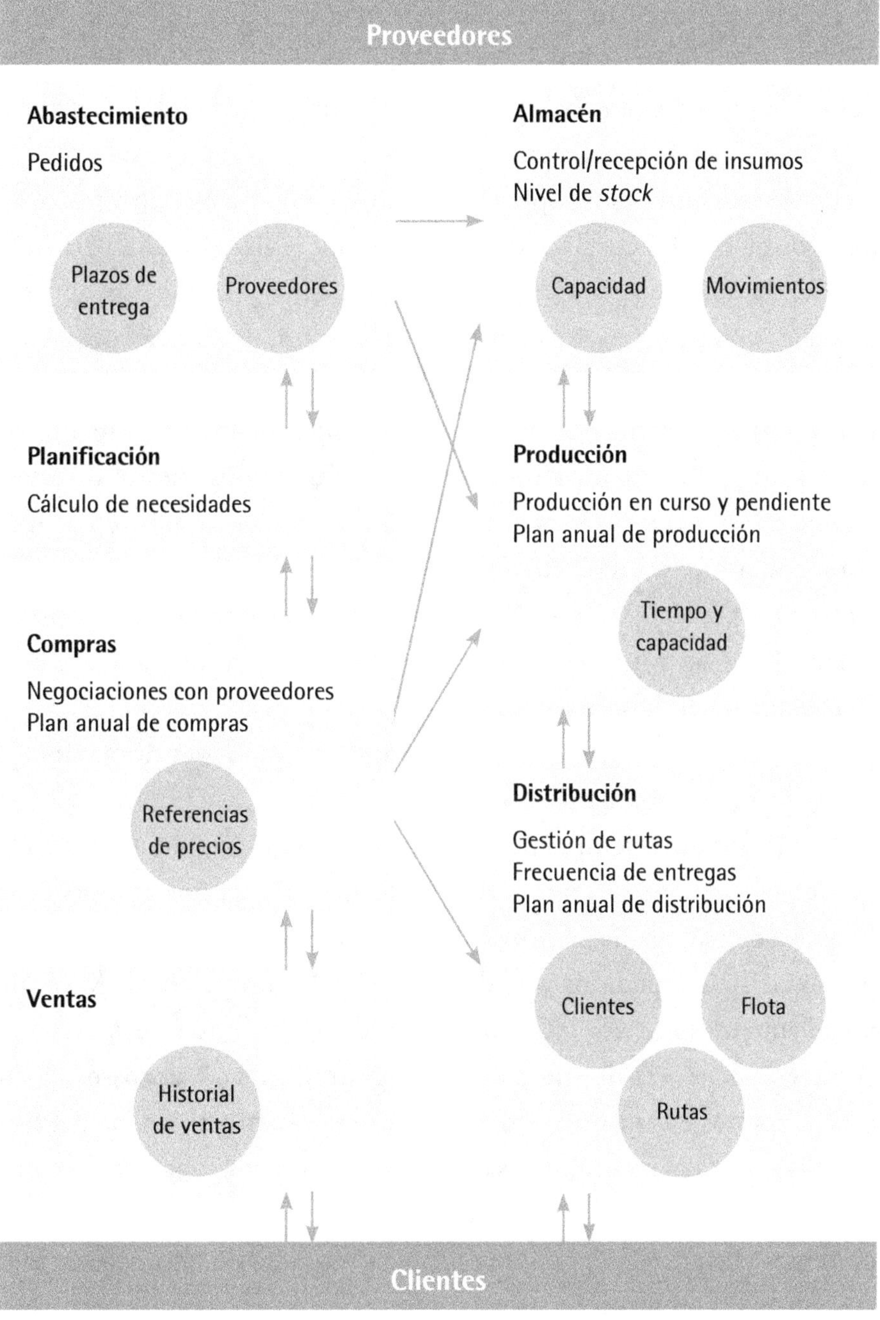

Fuente: Adaptada de Evaluando Software.

Figura 4.1. La cadena de valor incluye todos los eslabones de las operaciones.

Incluso, muchas compañías entienden la digitalización como la estrategia, cuando en realidad, la tecnología debe ser un facilitador para llevar la estrategia de la compañía a buen puerto, haciéndolo, además, de manera más ágil y eficiente.

Por tanto, antes de adoptar cualquier tecnología y de invertir, más que posiblemente, bastante dinero, debemos revisar la estrategia para ver dónde queremos ir, qué queremos conseguir y con qué propuesta de valor lo pretendemos hacer, para así poder elegir de, entre el océano de opciones, las tecnologías concretas que nos lleven al destino del modo más eficaz y eficiente. De lo contrario, podemos invertir mucho dinero y no conseguir nuestros objetivos. Veamos dos ejemplos reales.

Recuerdo una conversación con un director de ventas, en la que comentábamos sobre el uso de datos a gran escala y su análisis de datos para predecir tendencias con el objetivo de aumentar las ventas. Cuando nos preguntábamos qué datos –que hoy no tenemos– necesitaríamos tener, la respuesta fue «no lo sabemos». Empecemos, pues, por aquí…, por conocer qué necesitamos y después identifiquemos la mejor forma de obtenerlo.

Pongamos otro ejemplo de cuándo usar tecnologías alineadas con la estrategia. Imaginemos que la propuesta de valor de una compañía es un plazo de entrega de 24 horas y, en consecuencia, es por este atributo por el cual gana pedidos y se diferencia de la competencia. Más que posiblemente su *trade-off* (la contrapartida, el atributo que se resiente como consecuencia de entregar otro a gran nivel) será el costo. Dado que operamos en un mercado muy maduro y competitivo, se plantea la reducción de costos, pero sabemos que no hay propuesta de valor sin su *trade-off*, por lo que si nos enfocamos en la eliminación de este, corremos el riesgo de devaluar la propia propuesta de valor y de perder la ventaja competitiva.

No obstante, los costos siempre son susceptibles de ser optimizados, así que empezamos a reducirlos pero solo hasta que la propuesta de valor empieza a devaluarse, entonces paramos. ¿Significa esto que ya no podemos seguir reduciendo costos? No, significa que es el momento de utilizar otras formas mucho más creativas de hacerlo. Y ahí entran en juego tecnologías como la IA.

Previsión y planificación de la demanda

Vivimos en un mundo VUCA (por sus siglas en inglés: volátil, incierto, complejo, ambiguo) y BANI (frágil, ansioso, no-lineal, incomprensible), y acertar en las previsiones de ventas siempre ha sido un arte, que algunos incluso califican de ciencia ficción; lo cierto es que, con los ingredientes mencionados, casi es más fácil acertar a la lotería.

En ese entorno, desde el punto de vista de la cadena de suministro, es posible que la gestión de la demanda sea el mayor reto. Pensemos que las cadenas de suministro están entre los departamentos comerciales y los de finanzas. Sin una previsión precisa de la demanda, por un lado, se puede incurrir en un exceso de existencias, si no se vende lo previsto; por otro, se puede no tener suficiente *stock* para servir a tiempo a la clientela, si se vende más de lo previsto. En un caso se quejará el departamento comercial y en otro el financiero, pero rara vez se achacará el problema a una mala previsión ya que esto parece asumido como parte del juego.

Al margen de mejorar la capacidad de respuesta y agilidad de la cadena de suministro para dar respuesta a la incertidumbre de la demanda —aspecto que trataremos más adelante—, la clave aquí es mejorar la predictibilidad de la demanda y prever los eventos disruptivos que pueden originar cambios de comportamiento en los mercados. En definitiva hay que anticiparse, pero cómo. Veamos qué puede aportar la IA.

Los métodos tradicionales de previsión de la demanda utilizados durante muchos años se han basado básicamente en datos históricos, utilizando técnicas estadísticas para predecir patrones y tendencias. Estos métodos podían funcionar en un mundo más predecible, estable o lineal.

El problema es que el mundo actual genera variables y patrones completamente distintos a los del pasado, por lo que los métodos tradicionales quedan prácticamente inhabilitados para hacer predicciones futuras.

La IA, a través del aprendizaje automático o profundo, con sus algoritmos, es capaz de completar esos datos históricos con datos e información del mundo actual como estacionalidades, indicadores socioeconómicos, conflictos geopolíticos, meteorología, impacto de nuevos agentes en las necesidades de los clientes o incluso rastrear tendencias en los resultados de las búsquedas en internet, entre muchos otros.

Cada evento que ocurre tiene un impacto en los mercados y en los comportamientos de los clientes, los algoritmos de aprendizaje automático analizan esos impactos y los incorporan como un nuevo patrón a sus análisis, por lo que en ese proceso continuo el aprendizaje es exponencial y sus previsiones se afinan cada vez más.

Como comentábamos al inicio, es muy importante la elección del modelo a utilizar, ya que, dependiendo de los tipos de datos a manejar o de las necesidades de la compañía, un modelo puede ser más eficaz que otro.

La mejor manera de predecir la demanda es creando nuestra propia demanda. Aquí la IA y el aprendizaje automático también pueden aportar soluciones; los datos que se han generado de nuestros clientes (como los patrones y preferencias de compra, datos demográficos, etc.) se pueden utilizar para crear campañas de *marketing* para optimizar las ofertas de los diferentes productos o servicios. Los motores de ventas generados por IA también nos permiten crear segmentaciones de clientela de forma automática y, de esta manera, personalizar las ofertas que, a su vez, aumentarán las probabilidades de compra por parte del cliente. En otras palabras, estamos provocando nuestra propia demanda. En el cuadro 4.1 se presenta un caso real.

De todas formas, aunque hayamos conseguido una buena precisión en la previsión de la demanda, es recomendable preparar con la ayuda de la IA diferentes simulaciones con distintos niveles de demanda y sus fluctuaciones, con el fin de desarrollar planes de actuación que prevean escenarios diferentes en, por ejemplo, los niveles de existencias o las capacidades de producción. Ello nos permitirá dimensionar mejor los recursos y anticiparnos mediante otros planes de contingencia.

Recepción y procesamiento de pedidos

La recepción y el procesamiento o gestión de pedidos acostumbra a ser el primer paso dentro de la cadena de suministro, el disparador de todos los procesos. Y por ello es crucial que los departamentos de gestión de pedidos (u *order management,* como también se denominan) aseguren que se captan todas las necesidades del cliente y se transmite eficazmente al resto de la cadena.

Estos procesos administrativos suelen ser rutinarios y los realizan personas que introducen y procesan información en el sistema. Al mismo tiempo, estas gestiones se perciben como un despilfarro, algo que no aporta valor al cliente, por lo que el principal reto es asegurar que la información introducida no contiene errores y que el proceso administrativo se optimiza lo máximo posible.

Estos retos se pueden abordar con IA. Una de las tecnologías más utilizadas es la automatización robótica de procesos o RPA (siglas de *robotic process automation).* Este *software* a base de bots es capaz de sustituir al ser humano en trabajos administrativos basados en reglas.

A través de tecnología RPA pueden configurarse fácilmente soluciones para originar respuestas, gestionar datos y comunicarse con otros sistemas digitales. Una aplicación muy habitual es la generación de mensajes de respuesta automática a un correo que implementa miles de bots, cada uno de ellos preprogramado previamente para

Cuadro 4.1
El caso de la industria cervecera

El reto abordado era mejorar las previsiones de la demanda para nuevos lanzamientos de productos en una cervecera. Los nuevos productos no tienen datos históricos, por lo que la previsión de ventas es más difícil si cabe.

La compañía eligió un socio externo para la obtención de la siguiente tecnología:

- Lenguaje Phyton, como herramienta TIC de trabajo.
- Modelos predictivos de aprendizaje automático de tipo supervisado (conjunto de datos etiquetados y suministrados por humanos al sistema, que la IA los considera como la base de la verdad) y de tipo no supervisado (datos no etiquetados que los algoritmos «descubren» en patrones ocultos sin la intervención humana).

Para alimentar la solución utilizaron y cruzaron una mezcla de información con datos históricos, impacto de sus propias acciones y factores externos:

automatizar tareas de planificación de los recursos empresariales o ERP (figura 4.2).

Cuando se implementa un RPA resulta útil tener en cuenta las dos categorías posibles, automatización asistida y desasistida, antes de decidir cuál es la adecuada para su organización.

- Datos internos
    - Histórico de ventas de las cervezas.
    - Datos de *marketing:* promociones, ofertas, etc.
    - Datos maestros de productos.
    - Propiedades intrínsecas de las cervezas.
    - Datos de calidad.

- Datos externos
    - Datos sociodemográficos.

En este ejemplo, la tecnología de aprendizaje automático ha permitido a esta compañía cervecera, entre otros beneficios, anticipar cuál será el comportamiento de las ventas de las cervezas de nueva creación, utilizando esta información para tomar decisiones relativas tanto al lanzamiento de esos productos al mercado, como a la inversión de *marketing.*

Fuente: Los datos de este caso han sido tomados de PredictLand, una consultora de IA enfocada a aplicaciones de negocios.

- **Automatización asistida.** Permite centrarnos en el trabajo de mayor valor gracias a la automatización de actividades repetitivas y manuales y a la imitación de acciones que las personas realizan en el escritorio o navegador (por ejemplo, los clics del ratón), mediante la grabación y reproducción de estas acciones en tiempo real.

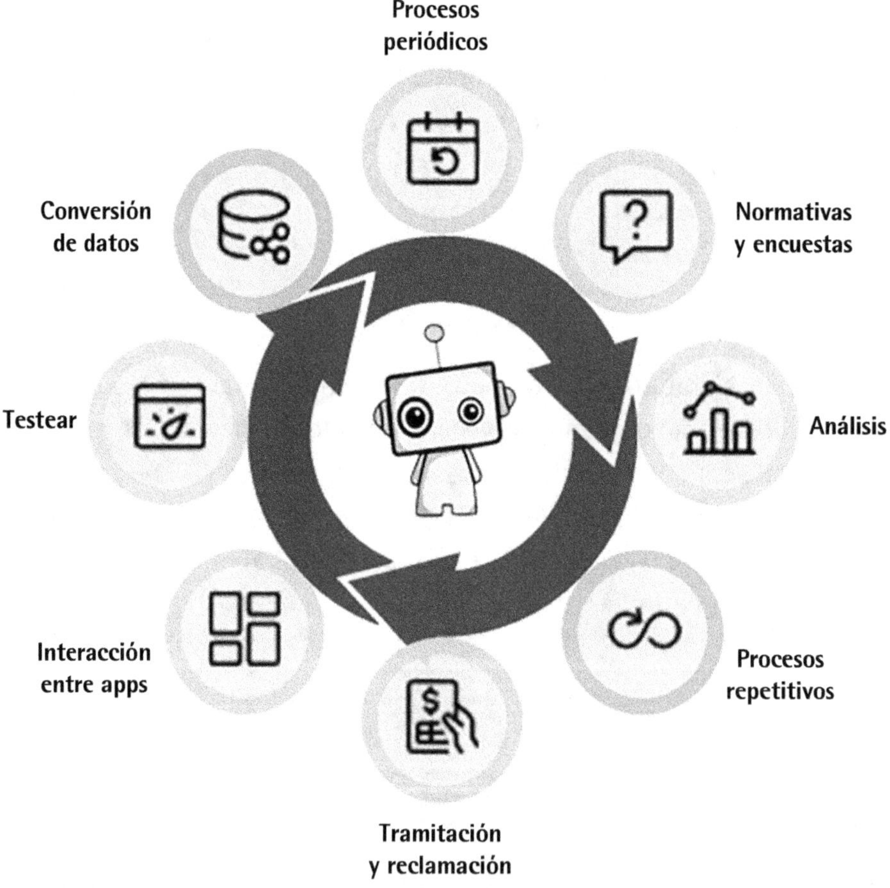

Fuente: Imagar.

Figura 4.2. Procesos automatizables con tecnología RPA.

- **Automatización desasistida.** En este caso no se requiere que alguien se encuentre delante del ordenador. Los bots desasistidos realizan ellos mismos el trabajo mediante la grabación y reproducción de acciones. Dado que pueden programar eventos automatizados, son ideales para acelerar la automatización de tareas de gran volumen o dar asistencia a clientes fuera de horario laboral.

En palabras de la empresa española de producción, distribución y comercialización de energía Iberdrola, dentro de su proyecto de automatización de tareas administrativas, la RPA será un componente fundamental de la hiperautomatización en combinación con la IA, el aprendizaje automático y los datos masivos. Así, se espera que a corto plazo los robots aprenderán de los procesos existentes, lo que les permitirá solucionar problemas autónomamente a medida que estos vayan surgiendo.

En este apartado hemos propuesto la tecnología RPA para optimizar el proceso de gestión de pedidos en el ERP, pero, obviamente, se puede aplicar en cualquier proceso administrativo de la empresa. Un ejemplo muy común son los departamentos de finanzas (véase el cuadro 4.2).

Compras y aprovisionamientos

Cuando pensamos en las principales funciones y objetivos de los departamentos de compras y aprovisionamientos, lo primero que nos viene a la cabeza es asegurar la disponibilidad de las materias primas, materiales o productos para garantizar las operaciones de la empresa y, por supuesto, hacerlo al menor costo posible de adquisición.

Pero la cosa se complica un poco más en cuestión de existencias. Los departamentos de compras normalmente se encuentran en encrucijadas continuas, como ya hemos comentado anteriormente. Por

Cuadro 4.2
El caso de una empresa de servicios de facturación

Se analiza la optimización en una empresa noruega dedicada a los servicios de facturación y cobro de deudas, principalmente enfocada al sector de los servicios sanitarios.

Básicamente, el proceso de cobro de la compañía consistía en documentos en papel que debían digitalizarse o introducirse de forma manual en el sistema. Todo este trabajo manual restaba tiempo y recursos para el cierre y cobro de las deudas.

La empresa crecía y a medida que iba captando más clientes, al ser un proceso manual, necesitaban contratar más personal; en un año, la empresa incrementó su personal en un 200 %, lo que incrementó los costos. La necesidad de esos nuevos recursos minimizaba los potenciales beneficios del crecimiento del negocio.

Como no podía ser de otra manera, el objetivo que se planteó la compañía fue cómo asumir ese crecimiento sin tener que aumentar tanto su plantilla. La solución elegida fue la adopción de la tecnología RPA para automatizar varios de sus procesos manuales.

Así, eligió a un socio externo para automatizar veinte procesos. Entre otros, la entrada y gestión de documentos y la comunicación de datos utilizando un *software* de RPA alojado en la nube (en este caso, concretamente en la plataforma de computación en la nube de Microsoft Azure).

La solución adoptada garantizaba la flexibilidad de la empresa, ya que permitía la capacidad de activar o desactivar la automatización de los procesos y, por tanto, asignar recursos al lugar y momentos necesarios.

La solución, tras un programa piloto de ocho semanas, empezó a ser operativa y a ofrecer reducciones en el número de casos pendientes de resolver.

Según la propia empresa, en los procesos seleccionados donde se ha implantado RPA, los casos pendientes han pasado de decenas de miles a casi cero en tan solo un mes. El proyecto ha reducido en un 53 % el trabajo manual y un 89 % de los casos pendientes se completaron sin ningún tipo de intervención humana.

Añadido a estos resultados, la empresa también expresa estar especialmente orgullosa de haber implantado un proceso de automatización sin tener que despedir a parte de sus colaboradores. No en vano, la creencia popular es que la automatización de procesos es el mayor enemigo de los puestos de trabajo. En palabras de la compañía: esta no ha sido una historia de robots que sustituyen a los empleados humanos, sino un magnífico ejemplo de cómo la automatización de los procesos basados en el papel puede mejorar la experiencia de trabajo y ayudar a los equipos a completar sus tareas de forma más eficiente para satisfacer plenamente las necesidades de la empresa.

Fuente: Los datos de este caso han sido tomados de Avanade, proveedor de Microsoft en materia de servicios digitales, en la nube y de IA.

un lado, los departamentos financieros presionan para tener el menor *stock* posible, cuestionando constantemente el porqué de las compras; por otro lado, los departamentos comerciales presionan para tener *stocks* de sobra, para, según ellos, garantizar el servicio al cliente en casos de picos de demanda, pero también para responder a previsiones de ventas que, a menudo, son conservadoras.

Por tanto, uno de los principales retos, al margen de lo que mencionamos al principio, es *cuándo* comprar, *cuánto* y *a quién*.

En este capítulo se analiza cómo anticiparse a posibles eventos disruptivos, lo que nos ayuda al reto de cuándo comprar. Respecto al cuánto y a quién, sin duda, nos ayuda una buena previsión y planificación de la demanda, tal como explicamos en el apartado anterior sobre recepción y procesamiento de pedidos.

Por si todo esto fuera poco, en un mundo cada vez más imprevisible, se ha añadido otro factor que estresa sobremanera a cualquier departamento de compras: la posibilidad de disrupciones en el suministro. Si China se resfría, nos quedamos sin paracetamol… o sin semiconductores; si un barco encalla en el canal de Suez bloqueándolo, nos quedamos sin materiales. Y ya no hablemos de si estalla una guerra –por desgracia, últimamente, son demasiados los conflictos bélicos–, o sufrimos una pandemia como la de covid-19. En cualquier momento nos podemos quedar sin cualquier materia prima o material, y la posibilidad de que todo esto ocurra se incrementa.

Por tanto, la capacidad de anticiparse a estos eventos disruptivos a través de trazar e interpretar acertadamente lo que está pasando y tener alternativas y planes de contingencia es, actualmente, el reto principal de los departamentos de compras.

Con todo, estos departamentos deben pasar de una aproximación o enfoque reactivo a un enfoque proactivo, impulsado por el conocimiento que nos aportan los datos. El gran desafío es saber qué datos obtener para tomar las decisiones correctas, y de qué fuente.

A continuación, exploramos cómo la inteligencia artificial puede ayudarnos en todos estos retos.

Radares de riesgo

Para intentar anticiparse a los eventos disruptivos y preparar planes para combatirlos es de gran ayuda poder acceder a información fiable a escala global. Empresas de *software* especializadas en gestión de riesgos en la cadena de suministro utilizan la IA para, a través de lo que

Fuente: Sphera.

Figura 4.3. Mapa digital de una cadena de suministro.

denominan «radar de riesgo», evaluar el riesgo en tiempo real en base a un barrido de fuentes de datos que han sido supervisadas y calificadas de fiables.

Este tipo de soluciones representan la cadena de suministro de una empresa en un mapa digital y, a través de un lenguaje común, permiten identificar situaciones de riesgo y dar visibilidad a las amenazas que pueden derivar en disrupciones (figura 4.3). Las situaciones de riesgo que se pueden monitorear con estas soluciones son varias: riesgos financieros, de reputación, de tipo geopolítico y cibernético, o desastres naturales, entre otras.

En algunos casos, estas soluciones ofrecen un marco común de puntuación de riesgos, que ayuda a la empresa a priorizar los planes de contingencia y otras acciones que puede poner en marcha, así como hacer un seguimiento de la evolución del riesgo (figura 4.4).

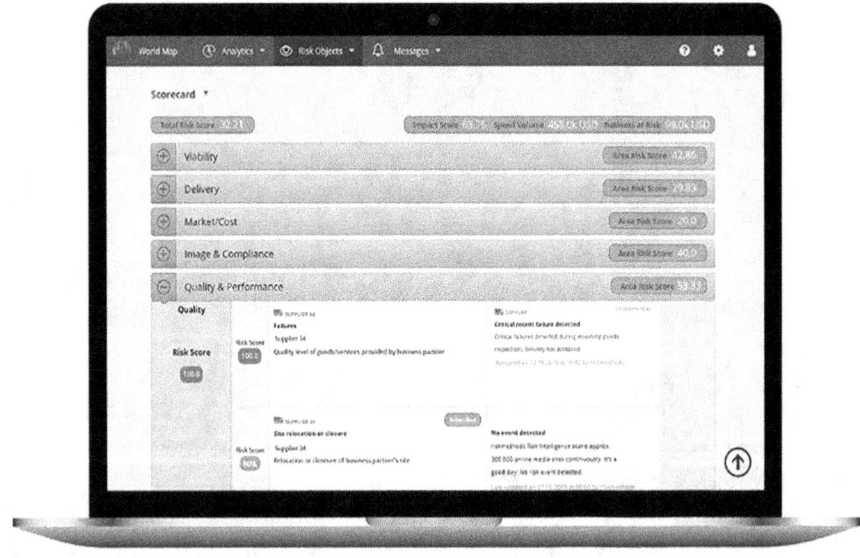

Fuente: Sphera.

Figura 4.4. Ejemplo de un marco de puntuación de riesgos.

Áreas de aplicación

Siguiendo con otras posibles aplicaciones de la inteligencia artificial en los procesos de compras, un informe de la consultora Deloitte identifica siete áreas donde la IA puede ser utilizada a lo largo del ciclo de compras y aprovisionamientos:

- **Gestión de contratos.** Mediante IA basada en procesamiento del lenguaje natural (PLN), un *software* puede interpretar automáticamente documentos legales o contratos muy extensos para buscar oportunidades potenciales de ahorro.

- **Gestión de riesgos de suministro.** (Véase el apartado de «Radares de riesgo».)

- **Compras.** Los procesos repetitivos de la gestión de órdenes de compra, muy a menudo manuales, pueden automatizarse eliminando funciones que hacen las personas habitualmente, a través del envío automático de órdenes de compra, la monitorización del estado de las compras, y la evaluación de posibles retrasos o la aprobación de pagos.

- **Cuentas pendientes de pago.** El uso del aprendizaje automático para la automatización de las cuentas pendientes de pago contribuye a acelerar los pagos o a detectar fraudes.

- **Análisis de gastos.** Los algoritmos de aprendizaje automático se usan para mejorar y acelerar diversos procesos como, por ejemplo, la gestión automática de gastos, categorizando y analizando miles de transacciones de facturas, órdenes de compra, etc. (que posiblemente vengan de diferentes plataformas, no solo del ERP) y haciéndolo en tiempo real. Ello permite identificar de manera temprana oportunidades o desviaciones no deseadas, o la evaluación, clasificación y comparación de empresas proveedoras.

- **Identificación de proveedores.** A través de los datos masivos y la gestión de los mismos, algunas plataformas de *software* utilizan el aprendizaje automático para mejorar la identificación de nuevos proveedores potenciales, al analizar y filtrar la información pública disponible en internet.

- **Suministro estratégico.** El uso de RPA puede proporcionar análisis e información basada en datos automatizados para tomar mejores decisiones de abastecimiento.

La figura 4.5 resume las posibilidades que ofrecen los diferentes tipos de aprendizaje automático.

También hemos comentado la importancia de las compras en la gestión de existencias. ¡No pasarse y no quedarse corto es todo un arte! Aunque con la IA se convierte en algo más científico. Y así lo hace Analitycalways con su herramienta ROIvolution basada en IA; esta empresa de servicios tecnológicos ha desarrollado un algoritmo predictivo para la gestión de existencias para el mercado minorista, que tiene en cuenta informaciones como tendencias, estacionalidad, picos de demanda o el impacto estimado de las promociones.

A partir de esta información convertida en datos, el *software* inteligente propone el *stock* adecuado para cada tienda, permitiendo anticiparse a la demanda de cada producto, canal y tienda, lo que representa una gran ventaja competitiva.

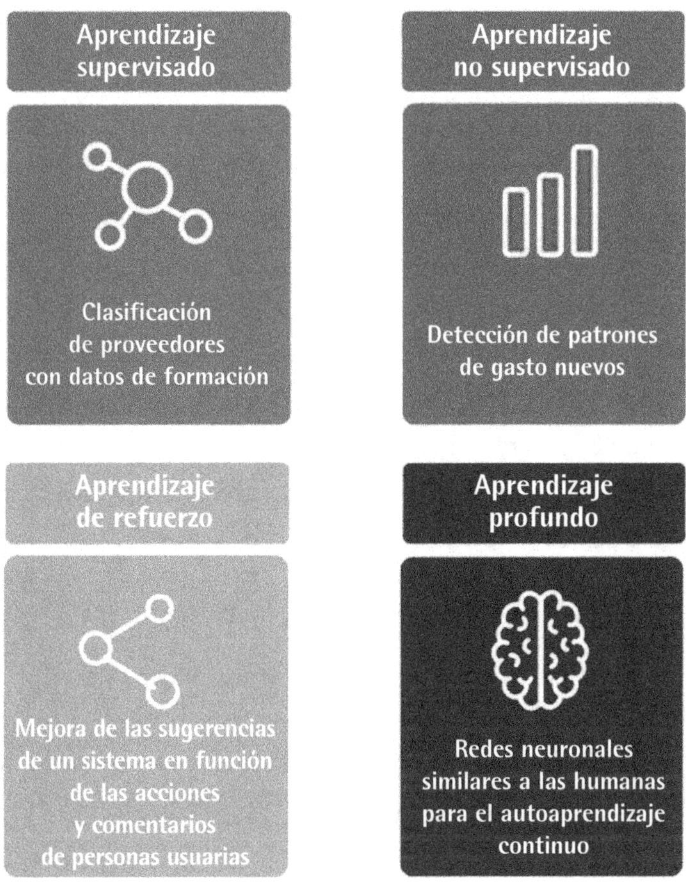

Fuente: Tomada y modificada de Sievo.com.

Figura 4.5. Aplicaciones de los cuatro tipos de aprendizaje automático.

Planificación de la producción

En el entorno actual VUCA-BANI donde las disrupciones de suministro, la volatilidad de la demanda y la incertidumbre están a la orden del día, poder adaptar los procesos de la cadena de suministro a los cambios del mercado marca la diferencia. En este entorno cambiante, los cumplimientos de los plazos de entrega y sus costos asociados se pueden convertir en todo un reto. En este sentido, la planificación de la producción ha emergido como uno de los departamentos clave de la cadena de valor, y la IA y las nuevas tecnologías uno de sus mejores aliados.

No se trata de improvisar, esperar a un cambio de demanda para adaptar la configuración del proceso y volver a planificar. Se trata de anticipar, de tener diseñadas distintas configuraciones de planificación de la producción con distintos *outputs;* de esta manera, cuando se da el cambio y un nuevo requisito de demanda, la configuración ya está diseñada y «solo» hay que activarla. Una nueva configuración de proceso no se activa de hoy para mañana, pero, si está diseñada previamente, el tiempo de respuesta al nuevo escenario de demanda se reduce considerablemente y puede colocarnos por delante de nuestras competidoras.

Para poder desarrollar estos escenarios alternativos de configuración de proceso, se necesitan datos y visibilidad. Es decir, hay que conocer las capacidades y ratios de calidad de producción, los tiempos de ciclo y los cuellos de botella, el nivel de eficacia de los equipos productivos (su OEE, siglas de *overall equipment effectiveness),* la complejidad de fabricación de cada producto, tener identificados los cuellos de botella y la eficiencia de cada recurso y producto. Además, es necesario saber los plazos de entrega de proveedores y disponer de una óptima visibilidad del *stock* de materias primas o materiales, los pedidos en cartera y sus plazos de entrega, las cotizaciones a clientes y su ratio de posibilidad de que se conviertan en pedidos en firme, las previsiones de ventas y su ratio de fiabilidad, entre las informaciones más relevantes.

En definitiva, muchos datos que deben combinarse para crear diferentes alternativas de producción, que no pueden gestionarse de modo efectivo con una simple hoja de cálculo. Todos estos datos y alguno más deben meterse en la coctelera de la IA u otras tecnologías para que generen las configuraciones que buscamos.

Para los departamentos de planificación de la producción no todo es la creación de nuevas configuraciones. Dedican muchos esfuerzos a tareas más estratégicas, ya que también deben dar respuesta al día a día, cumplir plazos de entrega y –cómo se describía en el eslabón de compras– hacerlo con un inventario, especialmente de producto acabado, lo más optimizado posible.

Pero los retos no acaban aquí, además de lo comentado, el mercado demanda cada vez más diferenciación y personalización de los productos, lo que aumenta sobremanera la complejidad de la planificación.

La IA ofrece diferentes posibilidades para gestionar de manera exitosa los retos mencionados. Así, para la gestión masiva y diversa de datos que nos permitan generar diferentes escenarios de planificación de producción y sus respectivos *outputs,* el aprendizaje automático puede ser una opción ideal.

Aprender en cada aplicación

Este tipo de IA procesa enormes conjuntos de datos para identificar tendencias y patrones, con los que construye diferentes modelos o escenarios que nos permiten predecir qué puede suceder cuando nos encontremos las circunstancias testadas. La tecnología aprende en cada aplicación, es decir, una vez el escenario hipotético es real, el aprendizaje automático utiliza esos nuevos resultados y combinaciones para afinar futuras predicciones.

Se pueden identificar dos etapas para la construcción de escenarios con este tipo de IA. El primero nos lleva a modelar, parametrizar y finalmente validar el escenario construido en la herramienta como la situación real de la empresa y otras potenciales. Este es un proceso más tedioso, como todos los procesos de parametrización, en los que se identifican parámetros, variables, datos, sus relaciones, dependencias, condiciones, etc. Pero es una fase crucial para obtener el resultado esperado.

El siguiente paso trata de obtener las diferentes propuestas del modelo matemático del primer paso; así se generarán de forma automática las diferentes propuestas de planes de producción con sus correspondientes configuraciones de producción y los recursos necesarios que deberían dar respuesta a cada necesidad potencial (figura 4.6).

Lo cierto es que testear el hipotético resultado de diferentes configuraciones de producción en diferentes escenarios es una gran ventaja competitiva y una herramienta clave para los departamentos de planificación.

Replicar virtualmente el modelo

Antes de lanzarse a la implantación de las nuevas configuraciones planificadas para producción, es interesante poder validar los *outputs* esperados, es decir, que ocurra lo que esperamos que ocurra. Esto es posible con los gemelos digitales.

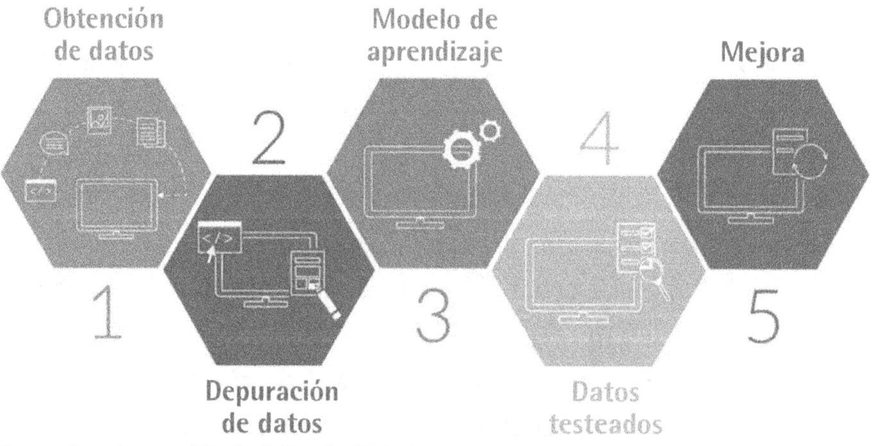

Fuente: Tomada y modificada de Becolve Digital.

Figura 4.6. Cómo funciona el aprendizaje automático.

El gemelo digital es una tecnología que permite crear una réplica virtual de un sistema real. En esa réplica la empresa puede analizar y comprobar el rendimiento del proceso actual o de un proceso futuro, eficiencias, *outputs,* costos, etc. En este ensayo se pueden anticipar fallos o identificar mejoras. En otras palabras, validar lo que en el escenario diseñado con aprendizaje automático era un resultado hipotético.

El cuadro 4.3 muestra un caso real de aplicación de gemelos digitales en una bodega vinícola, realizado por Arram Consultores.

Comentábamos al principio de este apartado que actualmente el cumplimiento de los plazos de entrega es más importante si cabe, debido a los retos que el entorno nos propone y a la creciente necesidad de personalización de los clientes, lo que aumenta exponencialmente la complejidad.

Esto lo corrobora un estudio reciente de las cámaras de comercio e industria de Alemania a través de una encuesta a más de 3.000 empresas, que muestra el impacto negativo causado por la pandemia de covid-19. Según estos resultados, tres de cada cuatro empresas han aumentado el tiempo de espera para recibir los pedidos o materiales, y como resultado de ello cuatro de cada diez empresas no cumplen los plazos de entrega con sus clientes finales y pierden ventas.

En el cuadro 4.4 se expone el caso de una empresa alemana, fabricante de maquinaria especial para triturar y reciclar residuos de producción, domésticos y comerciales. El uso más habitual de estas máquinas se da en aserraderos para procesar los residuos de madera para obtener pélets.

Producción

Históricamente, el atributo principal que se ha exigido a los departamentos de producción ha sido el costo, con la percepción de que la simple reducción de costos equivale a un tener un buen departamento de producción.

El costo sigue siendo un atributo importante, pero ya no es el epicentro de la estrategia de producción (siempre y cuando la propuesta

**Cuadro 4.3
El caso de la industria vitivinícola**

El reto planteado es la necesidad de incrementar la capacidad de producción en las líneas de envasado de una bodega, hasta el punto que incluso se cuestiona la ampliación de sus instalaciones invirtiendo en más metros cuadrados. Antes de acometer dicha inversión deciden buscar mejoras y explotar el actual proceso. Era importante, entonces, testear las posibles soluciones antes de implantarlas y se deciden a desarrollar un gemelo digital. Se siguen los siguientes pasos:

1. Una primera fase de toma de datos sobre capacidades reales de la maquinaria y productividades de cada equipo de trabajo.
2. Creación del gemelo digital representando la situación actual. En este primer análisis de la situación real, se detecta el cuello de botella principal en una fase de producción con alta dependencia de mano de obra y errores potenciales en diferentes fases de control visual realizado por operarios.
3. Como solución, se propone el diseño de un gemelo digital que muestre cómo se robotizan las operaciones con menor

de valor de la compañía no sea ganar pedidos por precio). Dicho esto, por supuesto que siempre estaremos obligados a optimizar el costo todo lo que podamos: la gestión del costo es uno de los pilares de cualquier cadena de suministro.

cualificación de mano de obra e introduciendo puntos de inspección automáticos (figura 4.7).

4. Para el testeo de las mejoras introducidas, se simuló el cuello de botella (ahora robotizado) a tope de capacidad y se comprobó un incremento del 50 % en la capacidad global. Este aumento resultó más que suficiente para los objetivos de la compañía, evitando así una inversión mayor en una nueva nave. ■

Figura 4.7. Simulación creada a partir de un gemelo digital, reproduciendo una situación real hacia la mejora del proceso.

Fuente: Los datos y la infografía de este caso han sido tomados de Arram Consultores.

Pero, hoy en día, con clientes y consumidores mucho más expertos, con acceso a cualquier tipo de información, mucho más exigentes, que demandan diferenciación, personalización, exclusividad, calidad, rapidez, inmediatez, innovación y seguramente algo más, todo esto eleva exponencialmente la complejidad en producción (y obviamente en toda la cadena de suministro). Son muchos más los atributos que, dependiendo de la estrategia de la compañía, propuesta de valor y expectativas de la clientela, el departamento de producción debe entregar, y prácticamente en cualquier mercado del mundo, bajo la presión de los costos.

Cuadro 4.4
El caso de maquinaria para el reciclaje de residuos

El reto de la empresa está en la complejidad, debido a la gran cantidad de variantes de máquinas que necesitan fabricar para cumplir con los requisitos técnicos y muy personalizados de su clientela. La empresa llegó al punto de no poder optimizar más el cumplimiento de los planes de producción ni lograr una organización eficiente de sus recursos.

Por ello optó por la IA, implementando un *software* inteligente de planificación de la producción. Así, el *software* elegido (Felios de la empresa Inform) gestiona toda la red de datos relevantes de la compañía para la planificación de la producción. Sus algoritmos inteligentes utilizan esta información para crear un plan de producción óptimo de acuerdo a la capacidad de los equipos produc-

Se puede deducir que la gestión de dicha complejidad al menor costo posible es uno de los retos que los departamentos de producción deben abordar, teniendo en cuenta que la *complejidad en producción* se define como cualquier factor que hace que el tiempo de ciclo de producción sea mayor.

A todo esto, hay que añadir el factor recurrente que venimos repitiendo, la volatilidad y la incertidumbre en la demanda. Ya se ha comentado que la capacidad de respuesta, la adaptabilidad y la flexibilidad son características fundamentales, también en producción

tivos, el personal disponible y los repuestos o materiales para cada periodo.

Lo que hacen los algoritmos es determinar la prioridad y orden de los pedidos en función de los requisitos del cliente y los recursos necesarios para satisfacerlos, comparado con los recursos disponibles en ese momento, incluido la productividad de cada recurso. Con todo esto, el sistema ofrece una fecha de entrega fiable.

El resultado fue la mejora en un 10 % adicional en las entregas a tiempo; también obtuvieron otras mejoras colaterales como la reducción de un 12 % de inventario y un 16 % en la gestión de liquidez y de capital circulante a corto plazo.

Asimismo, el sistema avisa cuando es necesario utilizar horas extras o turnos adicionales para cumplir los plazos de entrega exigidos para las entregas, y aporta información sobre qué materiales son cuello de botella en un suministro, lo que permite al departamento de compras anticipar las órdenes de compras. ▪

Fuente: Los datos de este caso han sido tomados de Industrysurfer.com.

–especialmente en producción, diría yo– para combatir dicha incertidumbre.

En base a las circunstancias descritas, cada empresa elegirá su sistema de producción más alineado con su estrategia y necesidades, o diferentes sistemas, optando por la segmentación –el concepto «dos fábricas en una» *(factory within factory)*–, para poder entregar atributos distintos a diferentes clientes con necesidades distintas. Es importante que esto esté bien definido para, posteriormente, poder elegir la tecnología más adecuada que nos ayude a potenciar la entrega de dichos atributos.

Hecha la introducción de los retos que afrontan los departamentos de producción, vamos a ver posibles aplicaciones de la IA para abordar estos retos.

Aplicaciones de IA en procesos de producción

De acuerdo con la definición anterior, la complejidad en producción es sinónimo de incremento de costos; por tanto, el uso eficiente de los recursos es fundamental para poder gestionar esa complejidad y no morir en el intento. Así, es fundamental el acceso fácil a diferentes tipos de datos, en tiempo real y mostrados de forma que se puedan analizar eficazmente para poder tomar las decisiones correctas en el momento adecuado.

IoT más IA

Desde hace unos años, esta gestión de datos es mucho más factible gracias al internet de las cosas (IoT, siglas de *internet of things)*, pues permite interconectar dispositivos, máquinas u objetos para obtener datos en tiempo real.

Esta tecnología está ya muy extendida, pero ¿qué ocurre si se combina con la IA? Que se dota a estos dispositivos interconectados de una autonomía que les permite analizar situaciones, aprender de patrones y tomar sus propias decisiones, obteniendo la inteligencia artificial de las cosas o AIoT (siglas de *artificial intelligence of things)*.

La integración de la IA en IoT otorga al sistema la capacidad de autocorregirse, adaptarse y mejorar continuamente.

La combinación de IoT y la IA puede llevarse a cabo de diferentes formas, en la nube o en la periferia. En una *IA en la nube,* un sistema centralizado recibe todos los datos y los procesa para tomar decisiones. Pero esas decisiones también se pueden tomar de forma autónoma, sin necesidad de enviar todo el paquete de datos al sistema centralizado, en lo que se denomina *IA en la periferia,* es decir, cerca del área donde se generan los datos, extrayendo decisiones más rutinarias y menos complejas.

Un ejemplo de aplicación de esta tecnología pueden ser los procesos de producción de pinturas. Generalmente, las pinturas se fabrican en grandes tanques de producción, en los que, de acuerdo a una fórmula o receta concreta, se van adicionando diferentes materias primas en un orden estipulado y en las cantidades que marca la fórmula. Estas se van mezclando a medida que el eje y las aspas del tanque van girando a una velocidad y tiempo concretos.

Hay muchos parámetros a controlar, pero uno de los más difíciles de obtener es la viscosidad. Factores como la variabilidad de las materias primas o la temperatura de la sala, entre otros, hacen difícil que el dato de viscosidad salga bien a la primera, aun siguiendo las especificaciones de la fórmula.

Para chequear estos parámetros, se saca una pequeña muestra del tanque de producción, se lleva al laboratorio, se mide y, si se ve que el dato no es correcto, se hacen correcciones (adicionar de nuevo × cantidad de materia prima para variar el resultado). Y así sucesivamente hasta dar con la viscosidad correcta: se vuelve a procesar, parar y volver a extraer una muestra para medir de nuevo el parámetro. Ya podemos imaginar el impacto en la eficiencia y la agilidad en los procesos que requieren estas correcciones.

La IoT o la AIoT pueden aportar considerables mejoras como, por ejemplo, la instalación de sensores (IoT) dentro del tanque, cuyas mediciones constantes del parámetro arrojan datos en tiempo real. Esto es muy relevante en la parte final del proceso, cuando debe añadirse agua (en pinturas de base agua), pues al disponer del dato de viscosidad con exactitud en ese momento, el sistema lo analiza y recalcula la cantidad precisa de agua a añadir –que, por supuesto, no tiene por qué coincidir con la cantidad que indica la fórmula–. ¡Esta es justamente la clave! Entonces envía una orden al conducto de agua para abrir la válvula y cerrarla una vez añadida la cantidad calculada. Todo esto, sin la intervención humana. De esta manera se asegura que el control de calidad es correcto a la primera, evitando varias correcciones y ahorrando materia prima.

Este ejemplo es una muestra de que, sin duda, el uso de AIoT mejora la capacidad de respuesta en este tipo de procesos, ya que reduce su tiempo de ciclo, que antes del uso de la AIoT era mayor debido a la complejidad de mantener los parámetros dentro de especificación.

Robots colaborativos

Otras posibilidades que nos ofrece la IA y las nuevas tecnologías para gestionar la complejidad de producción de forma eficiente son la combinación de los robots colaborativos, la visión artificial y los autómatas programables o PLC (siglas de *programmable logic controler).*

Los robots colaborativos (cobots), generalmente de pequeño tamaño, pueden imitar los movimientos humanos, por lo que son ideales para automatizar tareas más rutinarias y hacerlas de forma más eficiente que las personas. La gran ventaja es que pueden interactuar con los humanos en el mismo proceso de un modo totalmente seguro. Los cobots pueden tener capacidad de aprendizaje automático, por lo que

Fuente: Omron (arriba) y Gitek (abajo).

Figura 4.8. Robot colaborativo y tecnología de visión artificial.

pueden adaptarse a nuevos procesos fácilmente y con poco trabajo de programación, de ahí que sean una tecnología ideal para procesos con alto nivel de personalización. Esta adaptación de procesos se lleva a cabo a través de los autómatas programables PLC, que son capaces de controlar varios procesos (y sus robots) de forma autónoma sin necesidad de intervención humana.

En conjunción con la visión artificial, el proceso descrito es capaz de analizar un gran volumen de productos de forma rápida y segregar automáticamente cualquier elemento defectuoso o fuera de especificación, asegurando la calidad de la producción (figura 4.8).

Los departamentos de producción tienen asociados otros departamentos considerados de servicio. Uno de los principales es el departamento de mantenimiento, clave para abordar los retos descritos, si pretendemos tener una alta capacidad de respuesta para combatir la incertidumbre de la demanda y, además, pretendemos hacerlo al menor costo posible y la mejor calidad. Para ello, los equipos productivos deben estar en perfecto estado, por un lado, para rendir a su máxima eficiencia y, por otro, para evitar averías e interrupciones que impactarían de lleno en la capacidad de respuesta y los costos.

Hoy en día podemos decir que todas las empresas manufactureras tienen más que implantado el mantenimiento *correctivo* y, seguramente, la gran mayoría también tiene un buen nivel de mantenimiento *preventivo,* pero lo que realmente marca la diferencia es un mantenimiento *predictivo.* Aquí se dan las grandes oportunidades de mejora como, por ejemplo, detectar a tiempo cuándo un equipo productivo empieza a degradarse –no solo para evitar una avería, sino para impedir que su rendimiento disminuya– o predecir cuándo una máquina se va a averiar. Todo esto nos permite actuar a tiempo antes de que se produzca la incidencia.

El mantenimiento predictivo va mucho más allá del preventivo. A través de IoT, e IA con aprendizaje automático, se monitorean infinidad de parámetros y datos sin la intervención humana, como temperatura, presión, humedad, niveles de líquidos, desgaste, velocidades, etc. Los datos se capturan en tiempo real y, juntamente con los datos históricos y las relaciones causa-efecto experimentadas, el sistema puede predecir futuros problemas y proponer acciones de prevención. Se trata de anticiparse: no porque según un plan preventivo ya toque cambiar una pieza, sino porque realmente es necesario cambiar esa pieza *antes* de que falle. Además, los algoritmos de aprendizaje automático pueden aprender de

Fuente: Tomada de Instituto Tecnológico de Aragón (ITA).

Figura 4.9. Ejemplo de implantación de mantenimiento predictivo.

cada situación, por lo que proponen nuevos modelos de mantenimiento mejores que los anteriores. El funcionamiento de esta IA en el mantenimiento predictivo se puede ver en la figura 4.9.

Almacén

Los retos actuales de almacén son muy similares a los retos mencionados para producción. Desde el punto de vista más operativo, la principal preocupación es expedir a tiempo al menor costo posible y con cero errores.

La irrupción de actores disruptivos –como por ejemplo Amazon, que ofrecen a sus clientes, si lo requieren (y pagan), recibir producto en 24 horas– ha complicado la vida de los almacenes, especialmente los de empresas B2B, generalmente menos acostumbradas a la inmediatez del comercio electrónico. Esto ha implicado que el plazo de entrega (corto), que antes podía ser una ventaja competitiva, hoy sea un requisito básico a cumplir.

La globalización ha hecho que las cadenas de suministro sean más largas. En los últimos años, sucesos inesperados como la pandemia u otros conflictos geopolíticos han puesto de manifiesto la fragilidad de este modelo, causando infinidad de disrupciones en el suministro; por tanto, la red logística de una empresa es también hoy en día un quebradero de cabeza.

Esos mismos eventos disruptivos y, en definitiva, el mundo VUCA en el que nos movemos dificulta el dimensionamiento de personal en los almacenes. Acertar con el tradicional «que no me sobre y que no me falte» es mucho más difícil.

Y, para rematar el paquete de retos de un almacén, hay que referirse a la gestión de los inventarios. Esto es un básico: el control y fiabilidad de *stocks* debería estar más que superado, pero aún hoy muchísimas empresas tienen problemas de fiabilidad de inventario, algo que la tecnología puede solucionar con relativa facilidad.

Los *softwares* inteligentes de almacén, en combinación con el ERP de cada empresa, pueden conseguir unos flujos de materiales y personas mucho más eficientes, favoreciendo la capacidad de respuesta y el costo.

Fuente: computerhoy.com (arriba) y channelpartner.es (abajo).

Figura 4.10. Dos dispositivos para automatizar las tareas en almacén.

Cuando un material se recepciona, el sistema inteligente asigna la ubicación más eficiente, para eso analiza datos como ventas o rotación de cada material, tamaño, peso, forma, pedidos recibidos, etc. Asimismo, el sistema sigue aprendiendo, al combinar los nuevos datos con los históricos y recalcular constantemente las ubicaciones más eficientes para cada referencia, un proceso que en la mayoría de empresas se hace un par de veces al año y a base de hojas de cálculo.

La eficiencia del proceso de recepción, ubicación y extracción aumenta exponencialmente si se utilizan robots, vehículos de guiado automático o similares, que son capaces de mover, ubicar y hacer *picking* de forma autónoma. En la figura 4.10 vemos dos ejemplos.

Torres de control

Más allá de gestionar de manera eficiente los almacenes, también es clave hacerlo a lo largo de toda la red de la cadena de suministro, incluyendo empresas proveedoras, centros de producción, transportistas y clientela. Desde hace años y especialmente en empresas con muchos centros logísticos o productivos, es común el uso de la tecnología conocida como «torre de control», un *hub* central que provee visibilidad de punta a punta de la cadena de suministro, recolectando y analizando datos, como niveles de inventario en cada centro, cantidad de pedidos y su estado, localización de cada transporte, fase y colas de producción, cartera de pedidos por centro, estado de pedidos de compra, etc. (figura 4.11). Esta visibilidad total hace que se puedan tomar decisiones tempranas y más precisas, como decidir una fuente alternativa de suministro ante la posibilidad de retraso o disrupción de la fuente titular.

La irrupción de la IA complementa y mejora considerablemente los sistemas de torre de control, a través de nuevas innovaciones como los agentes IA o los «copilotos»:

- Un agente IA es un *software* autónomo que puede realizar diversas tareas de torre de control que hasta ahora estaban en manos de personas, tales como seguir los niveles de inventario, lanzar órdenes de trabajo al centro más adecuado o redefinir las rutas de transporte. Este *software* autoaprende a medida que va absorbiendo nuevos datos.

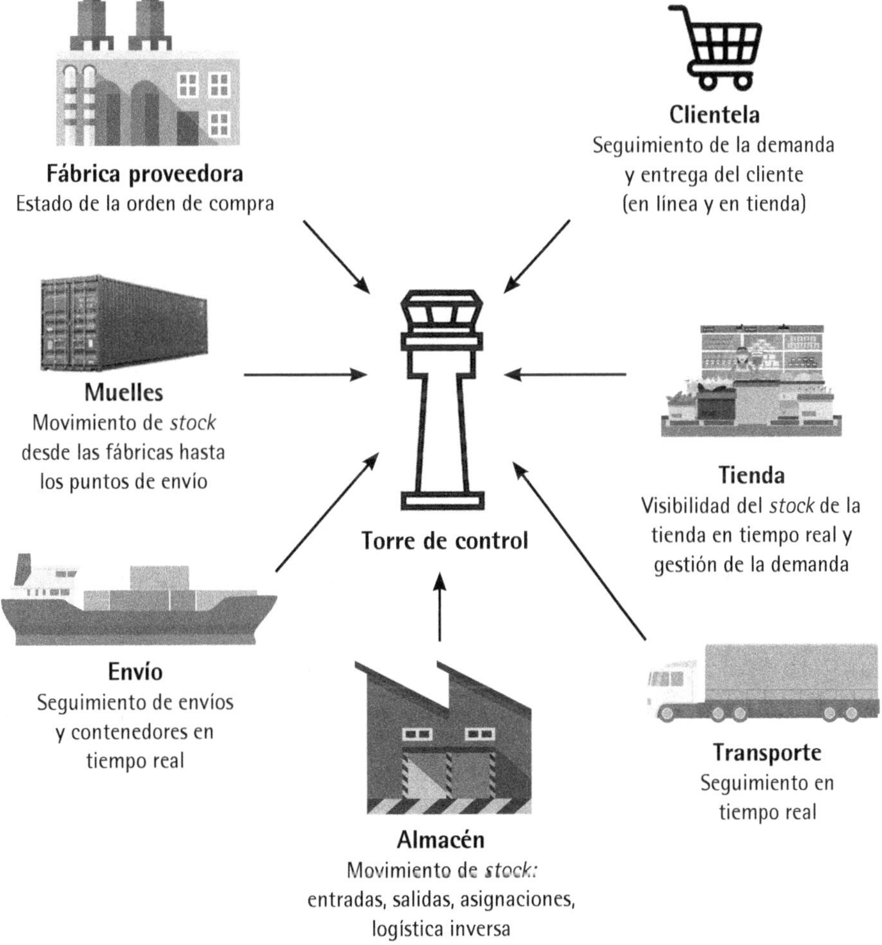

Figura 4.11. Operaciones de un sistema de torre de control en la cadena de suministro.

- En este contexto, se denomina copiloto a un *software* interactivo que puede ayudar a los humanos en los procesos de toma de decisiones o resolución de problemas, por ejemplo, en la previsión de la demanda o la identificación de incidencias y sus correspondientes acciones correctivas.

La combinación de torre de control con inteligencia artificial refuerza el concepto original de esta tecnología al hacerla más flexible y eficiente, y dotarla de capacidad para gestionar escenarios más complejos y dinámicos.

Uso de drones

Un proceso tedioso que requiere una precisión que no siempre se consigue es realizar inventarios, tanto generales como cíclicos. Por ello, cada vez más empresas utilizan drones en combinación con RFID (de *radio frequency identification,* identificación por radiofrecuencia) para estas tareas, reduciendo enormemente el tiempo de realización de inventario, eliminando por completo el factor humano, y ofreciendo una fiabilidad prácticamente del cien por cien en el conteo. Los drones leen las etiquetas RFID o los códigos de barras de los productos y envían en tiempo real las lecturas al *software* de gestión de almacén (SGA) o al ERP. El sistema puede validar de forma autónoma ese conteo o bloquear la referencia si se ha detectado una discrepancia, para su posterior investigación (figura 4.12).

Conclusión

Durante este viaje por la inteligencia artificial en la cadena de suministro, hemos podido ver algunos ejemplos de cómo la IA puede abordar

Fuente: Mecalux.

Figura 4.12. El uso de drones en el almacén facilita la realización
de inventarios y aumenta la fiabilidad del proceso.

los retos más tradicionales y los nuevos retos de la cadena de suministro. Es evidente que no hay marcha atrás en los procesos de digitalización y automatización, en definitiva, en la implantación de tecnologías digitales. Pero esta gran ventaja que nos aportan también trae consigo otros retos, especialmente para las personas.

Muchas de las soluciones expuestas en este capítulo, nos guste o no, conllevan la sustitución de los humanos por la tecnología, o ponen de manifiesto la necesidad de plantillas con conocimientos sobre esos avances tecnológicos. No olvidemos que muchas personas que se formaron en un periodo más analógico –y aún con años laborales por delante– van a tener que reciclarse para poder mantener sus puestos de trabajo, o van a quedar desfasadas o incapacitadas para desarrollar las nuevas tareas. Esta es una gran responsabilidad que recae tanto en el empresariado como en la administración pública.

Y podemos adelantar que no se soluciona con el manido comentario de automatizamos tareas y, de esta manera, las personas se pueden dedicar a trabajos de mayor valor añadido. La gestión de este reto es igual de importante que el uso eficaz de la tecnología.

Fuentes consultadas

https://www.madeinweb.es/abrazar-el-futuro-con-la-ia-en-la-prevision-de-la-demanda/#:~:text=%C2%BFQu%C3%A9%20es%20la%20IA%20en,no%20s%C3%B3lo%20en%20datos%20hist%C3%B3ricos.
https://www.imagar.com/consultoria-informatica-especializada/integracion/que-es-rpa-robotic-process-automation/.
https://industrysurfer.com/blog-industrial/planificacion-de-la-produccion-como-la-ia-gestiona-todos-los-plazos/#google_vignette.
https://tomec.es/beneficios-del-uso-del-gemelo-digital-para-procesos-logisticos/.
https://sievo.com/resources/ai-in-procurement.
https://www.stampli.com/ap-automation.
https://www.procurious.com/procurement-news/7-companies-pioneering-artificial-intelligence-in-procurement.
https://sphera.com/risk-radar/?lang=es.
https://www.keelvar.com/success-stories/%20cjla-streamlines-transport-sourcing.
https://www.sicma21.com/software-planificacion-y-programacion-avanzada-aps/.
https://www.fernandosaenz.com/4-aplicaciones-de-la-inteligencia-artificial-en-la-fabricacion/.
https://www.salleurl.edu/es/estudios/grado-en-animacion-y-vfx/objetivos.
https://becolve.com/blog/como-donde-usar-machine-learning-para-la-optimizacion-de-produccion/.
https://sixphere.com/blog/machine-learning-industria/.
https://demafront.cl/rol-de-ia-supply-chain/.

https://www.arram.net/es/comunicacion/blog/gemelo-digital-planificacion-operaciones-industria-alimentaria.

https://www.inform-software.com/en/software/felios.

https://www.barbara.tech/es/blog/aiot-internet-de-las-cosas-inteligencia-artificial#:~:text=IoT%20y%20AI%20son%20dos,que%20controlan%20el%20sistema%20global.

https://secmotic.com/que-es-el-artificial-intelligence-of-things-aiot/#gref.

https://www.henkel-adhesives.com/es/es/industrias/mantenimiento-reparacion-industrial/mro-loctite-pulse/steam-trap.html.

https://www.itainnova.es/blog/big-data-y-sistemas-cognitivos/mantenimiento-predictivo-mediante-inteligencia-artificial-y-algoritmos-de-deep-learning/.

https://www.lyl-ingenieria.com/caso-de-exito-triplica-la-eficiencia-de-su-almacen/.

https://www.mecalux.es/blog/inventario-con-drones.

https://analyticalways.com/gestion-stock/.

https://www.inesem.es/revistadigital/gestion-integrada/aplicaciones-de-la-ia-en-la-produccion/.

https://www.inesem.es/revistadigital/gestion-integrada/ejemplos-de-automatas-programables-y-sus-aplicaciones/.

https://www.neobotik.com/robots-colaborativos/.

https://www.linkedin.com/pulse/advent-ai-supply-chain-control-towers-gearing-up-senthil-kumar-kk/.

5
Inteligencia artificial en la logística y el transporte

Carlos Hernández Barrueco
*Consultor en logística integral, calidad
y gestión empresarial*

Eva Hernández Ramos
*Divulgadora y formadora en logística en escuelas
de negocios y organizaciones*

Cuando Alan Turing, John McCarth y otros pioneros de la IA comenzaron a dar los primeros pasos en este campo, posiblemente nunca llegasen a imaginar el camino exponencial que habían abierto para el sector de la logística y el transporte, y las enormes implicaciones que esto podría tener para la humanidad.

Por ello, vamos a hacer una breve reflexión sobre la importancia de esta tecnología.

Introducción a la IA en la logística y el transporte

Comenzaremos recordando un hito histórico: la aparición del contenedor marítimo. Hasta que Malcom McLean y Keith Tantlinger crearon un diseño eficaz de este, el transporte marítimo era muy caro. Ello afectaba especialmente al transporte de materias primas y productos de bajo costo, en que el costo del transporte llegaba a superar el 50 % del precio del producto.

McLean logró poner en marcha el contenedor el 30 de abril de 1956. Su invento y su empeño lograron que el costo por tonelada transportada bajase de 5,36 a 0,19 USD, lo que supuso que muchísimas empresas con mercancías que antes no era rentable transportar por mar, pasasen a seleccionar este medio como el óptimo para sus envíos.

Esto cambió radicalmente el mundo para siempre, ya que muchas empresas locales desaparecieron, y potencias como China, India, Singapur o Corea, pasaron a ser más competitivas y los principales centros de producción mundial.

Así pues, un pequeño cambio en la cadena de suministro y en logística puede representar un enorme cambio económico y geopolítico para la humanidad. La cuestión es que la IA no es un pequeño cambio, sino un cambio de proporciones inimaginables.

En la actualidad ya estamos viendo múltiples implicaciones, prácticamente en todas las operativas logísticas, ya sea a nivel de organización como a nivel físico, en los diversos medios que utilizamos (vehículos, automatismos o maquinaria de almacén, por ejemplo). La introducción de la IA puede llegar a suponer un cambio radical en la economía y la geopolítica, pero también en la forma en que hacemos las cosas, en los puestos de trabajo y en todos los procesos de cálculo y operaciones logísticas.

Así, por ejemplo, la IA puede ayudar a acabar con una de las claves de la deslocalización de la producción industrial: el costo de la mano de obra. En China, la mano de obra de un operario puede ser hasta un 90 % más barata que en los países occidentales. Esto, unido a una normativa menos exigente, tanto laboral como medioambiental, ha hecho que, muchas veces, sea más barato producir en China e importarlo hasta otros lugares que producirlo directamente en dichos lugares.

Ahora supongamos que la IA nos ayudase a calcular, de entre todos los billones de opciones posibles, una estrategia de producción y cadena de suministro más eficiente que la producción y transporte desde China. La IA podría diseñar sistemas totalmente automáticos, producidos con una calidad y una tecnología más eficiente que la de China, siendo el resultado una relocalización de la producción y un enorme cambio geopolítico a escala mundial.

Bueno, pues esto no es ciencia ficción. Es la realidad, en la que ya estamos trabajando desde hace un tiempo... y con muy buenos resultados.

IA en los vehículos comerciales

Una de las claves del transporte y, posiblemente uno de los costos más importantes de la cadena de suministro, es el tramo del transporte terrestre. En la actualidad, el camión con conductor es el gran dominador de este terreno, tanto en larga distancia, como en envíos de gran volumen o peso. Este puede ser combinado o sustituido, total o parcialmente, con otros medios multimodales, como el ferrocarril o el buque *ro-ro*.

En el reparto de la última milla y en carga ligera, la reina sigue siendo la furgoneta, que actualmente comparte sus funciones con múltiples elementos, tales como bicicletas, motocicletas, patinetes, reparto a pie o mediante consignas automáticas. Pero todo esto va a cambiar radicalmente en los próximos años, y aquí la IA va a tener un papel relevante, abriendo opciones que tendrán un impacto enorme en la economía global.

Antes de profundizar, vamos a ver cómo comenzó a fraguarse este cambio y cómo está evolucionando.

La necesidad de sensorización

Nuestra historia comienza hace mucho, concretamente en el siglo xvi, cuando un científico muy conocido, Galileo Galilei, desarrolló el que se considera el primer sensor de la historia moderna. Se trataba de un medidor de temperatura basado en variaciones sobre una columna de agua. Posteriormente, hubo diversos avances en este campo, y en 1874, un equipo de científicos franceses logró conectar un dispositivo de medición en el Mont Blanc (a 4.596 m de altura, en los Alpes) con una estación que recibía las mediciones por onda corta. Este fue el primer sensor conectado a distancia del mundo.

Más tarde, fueron sucediéndose diversos avances en este campo, hasta que, en 1999, Kevin Ashton, pionero en el trabajo de identificación por radiofrecuencia (RFID), acuñó el término «internet de las cosas» o IoT, para crear un nuevo campo: el de los sensores capaces de conectarse y transmitir datos a través de internet.

Este fue el punto de partida para la sensórica —el área de conocimiento relativa a los sensores—, que tuvo un crecimiento exponencial desde entonces. En el año 2000 la compañía tecnológica LG anunció planes para el desarrollo de un frigorífico que pudiera conectarse a internet. Lo logró y otros muchos le siguieron. Entre 2008 y 2010 la cantidad de dispositivos IoT se calculaba que estaba alrededor de 12.500 millones de unidades, distribuidos en todo tipo de electrodomésticos, teléfonos o tabletas inteligentes, maquinaria o vehículos.

Es en esa época en la que los vehículos industriales comienzan a ser dotados de todo tipo de sensores, desde el nivel de inflado de los neumáticos, hasta el aviso de peligro por cambio de carril, vehículo colindante o advertencias de hielo, entre muchos otros.

Todos estos sensores fueron agrupados bajo el término ADAS (siglas de *advanced driver assistance systems),* que hacen referencia a los sistemas avanzados de asistencia al conductor, para la reducción de accidentes y mejora de la seguridad. Algunos de ellos son obligatorios. Así, por ejemplo, la señal de advertencia de cinturón desabrochado, o la presión de los neumáticos, son obligatorios en muchos países. Al igual que lo son en vehículos nuevos el frenado autónomo, el sistema de mantenimiento de carril, el control de presión de neumáticos en camiones y furgonetas, o el asistente de velocidad inteligente o ISA (siglas de *intelligent speed assistence).* Pero además de ello, hay muchísimos más sensores opcionales.

Todo este desarrollo no ha sido ajeno para el sector logístico. Más bien al contrario. Por una parte, se han producido múltiples desarrollos en los vehículos industriales que, aunque todavía no son obligatorios, la evolución reguladora de los últimos años hace pensar que acabarán siéndolo. Así, por ejemplo, un sensor de vital importancia es el del control de peso por eje en los camiones.

En la actualidad, hay muchas compañías que ya han desarrollado este tipo de tecnología, como por ejemplo BPW, Technoton, Tupunatron, Winlon, u otras. Estos sensores transmiten una señal a la cabina o a diversos dispositivos (visualizador, teléfono inteligente, etc.), que puede ser redireccionada hacia la red y monitorizada desde la distancia.

De este modo, puede integrarse en todo tipo de gestores de flota, como Weebfleet, que ha desarrollado un amplio trabajo para integrar los sensores de compañías externas en su programa, para que todos los vehículos puedan ser controlados desde la distancia y programados con alertas, en caso de incidencia.

En la actualidad tenemos decenas de sensores que pueden monitorizar la carga, como los que pueden verse en la cuadro 5.1.

¿Por qué son importantes los sensores en el desarrollo e incorporación de la IA en la logística?

Está claro que la automatización presenta enormes oportunidades en este campo. Los camiones autónomos, vehículos de almacén sin con-

Cuadro 5.1
Sensores de monitoreo de la carga

- Sensores de puerta cerrada
- Temperatura
- Humedad
- Presión
- Ocupación del vehículo
- Cámaras
- Combustible
- Luz
- Inclinación
- Deslizamiento
- Giroscópicos
- Velocidad
- Identificación de inventario

- Tensión en las cintas de amarre
- Ángulo en las cintas de amarre
- Impacto
- Rotura de lonas
- Geolocalización
- Proximidad / movimiento
- Nivel de gas
- Nivel de oxígeno
- Sonido
- Nivel de aire
- Apertura del embalaje

ductor, automatismos en los procesos logísticos y otros muchos elementos, representan un salto en la productividad y una drástica reducción de los costos. Especialmente a medida que se generan grandes economías de escala.

En este sentido, cabe destacar que todo desarrollo de este tipo está altamente condicionado por tres factores clave:

1. El desarrollo de tecnologías eficaces a precios competitivos.
2. El desarrollo legislativo y la creación de la seguridad jurídica.
3. La existencia de empresas que puedan desarrollar estos productos.

Imaginemos por un momento que ya existe un amplio espectro de tecnologías avanzadas y empresas que pudiesen poner en el mercado vehículos totalmente autónomos, de manera eficaz y competitiva. En la actualidad, de hecho, ya existen, como veremos más adelante (véase cuadro 5.2). ¿Te sentirías tranquilo al conducir junto a uno de estos vehículos, si se autorizasen?

Pensémoslo un momento. Aunque la tecnología del vehículo estuviese muy probada en cuanto a conducción, ¿qué sucedería si la mercancía se moviese en su interior y una bobina de rollos de alambrón se ladease sobre la lona, pudiendo caer a la carretera si no se parase y reajustase la tensión? La respuesta es que, en la actualidad, esto podría generar un accidente mortal. De hecho, cualquier incidencia con la carga durante el trayecto no sería detectada. Un camión podría ir soltando carga por sus puertas traseras, o desde un semirremolque abierto, y el vehículo continuaría su ruta, sin detectar ningún problema.

¿Y en el almacén? Sin duda, aquí hay un mayor desarrollo. Desde que Arthur Barrett crease el primer vehículo de guiado automático o AGV (siglas de *automated guided vehicle),* en 1953, este campo ha tenido una enorme evolución tecnológica. Hoy en día, existen ya

Cuadro 5.2
Sensores IoT

Un ejemplo es el sensor i-Gurt, desarrollado conjuntamente por las marcas BPW y Dolezych. Este sensor IoT se coloca en las cintas de amarre de las cargas en los vehículos, permitiendo un control de la tensión aplicada por la cinta. Esta señal se transmite al teléfono inteligente del personal conductor o a otro dispositivo, generando alertas en caso de que se produzca una bajada de tensión de la cinta. De igual modo, se puede conectar con la red, para ser monitorizado desde la distancia.

Este es un ejemplo de dispositivo que podría ser obligatorio en un futuro para vehículos sin conductor, permitiendo detectar cualquier falla en la seguridad de las cargas. Adicionalmente, se podría complementar con otros sensores en la misma carcasa, para poder monitorizar múltiples datos, constituyendo un elemento tecnológica y comercialmente viable. ∎

Fuente: BPW.

Figura 5.1. Control de carga con el sensor i-Gurt.

muchos tipos de vehículos «inteligentes», capaces de utilizar diversas tecnologías para realizar funciones cada vez más complejas en el almacén o en entornos externos, dentro de instalaciones privadas. Pero, la mayoría, sigue teniendo el mismo problema que los camiones autónomos. Si una carga se desestabiliza durante el trayecto, la mayoría de los vehículos AGV no son capaces de detectarlo.

La IA podrá aportar un enorme plus de calidad, eficiencia, seguridad y operatividad al incorporarse a los vehículos de carretera o almacén, así como a los diferentes tipos de maquinaria. Pero antes de que lo haga de manera masiva, debemos resolver el problema y reto de la automatización.

Y el camino ya nos lo marca la evolución normativa, al ir incorporando diversos sensores obligatorios en este campo para permitir su circulación. Es necesario que se legisle, teniendo en cuenta los posibles riesgos que pueden producirse durante los mencionados trayectos en carretera, almacenes o espacios privados, dotando a la operativa de sensores obligatorios. Esto nos permitirá detectar y prevenir cualquier tipo de riesgos, programando instrucciones sobre qué hacer en cada momento. También nos permitirá monitorizar desde la distancia, estableciendo diversos tipos de alertas automatizadas.

Un nuevo escenario de competitividad

Hasta ahora hemos hablado de la evolución de la IA a través del desarrollo de tecnologías que confluyen en un conjunto coordinado, tal como confluyen diversos afluentes en un río principal. ¿Qué oportunidades genera ese nuevo escenario?

La evolución de los sensores y de la IA, así como de otras tecnologías da paso a un nuevo escenario, totalmente diferente del actual.

En el plano de la gestión

La IA puede ayudar al personal de gestión de tráficos a calcular las mejores opciones para la eficiencia de su labor. Así, por ejemplo, se puede consultar a la IA cuál es la opción óptima entre todas las miles de alternativas que se ofrecen en las bolsas de cargas. O se podrá solicitar que calcule la manera de embalar, cargar, estibar, transportar y descargar una mercancía que resulte más eficaz y que deje un mayor margen comercial.

Pero este nuevo escenario puede ir mucho más allá. En un futuro cercano, las empresas adoptarán masivamente la IA como elemento central de su gestión logística. Una IA corporativa podrá analizar en tiempo real todo tipo de opciones y circunstancias, adaptando la producción, el transporte y otras áreas a las circunstancias para maximizar el beneficio. Ello incluirá la coordinación y sincronización masiva de ecosistemas aliados de empresas.

Imagine por un momento, una cadena de suministro formada por más de 500 empresas. Suponga que todas ellas tienen una IA capaz de conectarse y actuar con el resto. Cada IA podrá estudiar la demanda en tiempo real de los clientes, presentar propuestas, tramitar pedidos automáticamente y calcular, sobre la base de millones de posibilidades, cuál es la forma más eficiente de servir un pedido. El ahorro podría ser espectacular.

Las IA podrán trabajar en enjambre, «cazando» clientes finales, y adaptando la cadena de suministro de todo el sistema para optimizar todas las partes y tiempos del mecanismo. Por ejemplo, varias IA podrían coordinar la contratación y llenado conjunto de un vehículo y coordinarle el viaje de retorno. Las empresas de transporte podrían dejar en manos de los cargadores el máximo aprovechamiento de los vehículos, controlando los tiempos reales, reduciendo sus demoras y kilómetros en vacío.

Este nuevo escenario llegará. E implicará que quien no se sume al mismo estará fuera del mercado en no demasiado tiempo.

Nuevos escenarios, nuevos vehículos. La proliferación de camiones sin conductor, drones aéreos y terrestres de reparto dotados de IA

Uno de los problemas más conocidos en el sector del transporte es la escasez de personal conductor. El informe Driver Shortage Report 2023, realizado por la Organización Internacional del Transporte por Carretera (IRU) entre 4.700 empresas de más de treinta países de América, Asia y Europa, tiene conclusiones demoledoras. En la figura 5.2 se aprecia la previsión del número de puestos a cubrir para 2028.

En Europa, el 62 % de las empresas afirma que tienen importantes dificultades para encontrar conductores cualificados. Esto supone un riesgo enorme para el comercio nacional o internacional, con una subida de precios considerable y pérdida de competitividad. Entre las posibles alternativas está la implantación de camiones y vehículos de reparto autónomos.

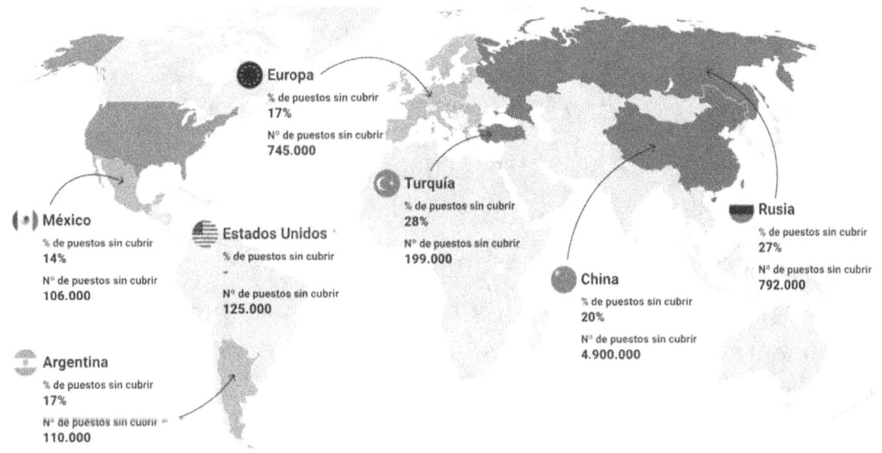

* Para Estados Unidos, la previsión de IRU para 2028 muestra el número de conductores que faltarán, en lugar de los puestos de trabajo que faltarán por cubrir

Fuente: Cálculos de IRU (excepto para Estados Unidos).

Figura 5.2. **Previsión de escasez de personal conductor para el año 2028.**

Su desarrollo no es nuevo y comenzó, principalmente en el sector de la minería, aprovechando la ausencia de regulación de la circulación en circuitos privados. Así, por ejemplo, Caterpillar presentó su primer camión minero autónomo en la MINExpo de 1996, siendo actualmente uno de los líderes mundiales en este campo con más de 500 camiones autónomos funcionando.

En carretera, hubo que esperar a la década de 2010, cuando surgieron nuevas marcas y proyectos de las empresas fabricantes. De este modo, pudimos ver el lanzamiento de prototipos en entornos cerrados o tramos específicos en carretera, con autorizaciones especiales.

Así, por ejemplo, la empresa Otto (subsidiaria de Uber) realizó en 2016 un viaje entre las localidades de Fort Collins y Colorado Springs, transportando 50.000 latas de cerveza durante 200 km. Por ello recibió 470 dólares, y se le considera el primer viaje comercial en carretera con un vehículo sin conductor.

Ese año, seis fabricantes europeos (DAF, Daimler, Iveco, MAN Truck & Bus, Scania y Volvo Group) probaron por primera vez un nuevo sistema de conducción semiautomática de camiones: el Platooning. Este consiste en colocar un camión conducido por un humano, acompañado de otros vehículos «rémoras» (es decir, por rastreo satelital) sin conductor, formando un convoy.

Otro ejemplo fue en 2019, cuando la empresa Plus.ai realizó un viaje en camión autónomo con 20 t de mantequilla desde la empresa Land O'Lakes, en Tulare, California, hasta Quakertown, en Pensilvania. En la actualidad hay numerosas empresas que trabajan específicamente los vehículos autónomos, tales como Einride, Waymo, Embark, Plus.ai, NMWuxx, Aurora Innovations, Kodiak Robotics, Gatik AI o TuSimple. Asimismo, las marcas fabricantes mencionadas ya están trabajando sus respectivos proyectos de camión autónomo.

Adicionalmente al camión autónomo, se está trabajando en múltiples líneas de desarrollo en lo que al reparto urbano se refiere:

- **Drones.** Se ha realizado una enorme evolución, tanto de autonomía como de seguridad. Numerosas compañías están investigando y probando los drones, así como sistemas de entregas en consignas aéreas automáticas, ventanas dotadas de sistemas para la recepción de mercancías por dron, zonas de salida y llegada de drones en almacén, entre otras opciones. Por ejemplo, DHL, Fedex y Domino's Pizza desarrollan proyectos piloto en este campo.

- **Vehículos de reparto autónomos.** Son vehículos terrestres que funcionan sobre ruedas y que pueden ir por una carretera o por la acera. Al igual que sus *primos* aéreos, los drones terrestres han experimentado una gran evolución. Si bien aún son pocos los clientes en proporción al envío tradicional y la tecnología todavía no consigue que sean totalmente autónomos en muchos casos (deben ir supervisados por personas desde la distancia en la mayoría de las ocasiones), nos encontramos con que los costos de reparto son muy bajos y la alternativa supone un elemento muy novedoso, que sorprende y favorece la publicidad de marca. Por lo cual, compañías como Pizza Hut, Leche Pascual, DHL, Globo u otras ya están usando este tipo de dispositivos.

La IA en los procesos de estiba, elevación, carga y descarga

Existe una característica común a todos los vehículos sobre los que hemos hablado en el apartado anterior: todos están dotados de IA y esta es la principal causante de que puedan ser autónomos.

La IA es la única tecnología actual capaz de manejar tal cantidad de datos al mismo tiempo y tomar las decisiones adecuadas para poder realizar las operaciones de manera segura. Así, por ejemplo, la IA toma las imágenes de la visión artificial, los datos de los sensores y procede a ejecutar micromovimientos y acciones continuas para realizar una conducción eficiente. Ahora bien, además de ser seguras, las operaciones dirigidas por IA deben ser extremadamente eficientes, por lo que una gran parte de su función es calcular las vías que proporcionen un mayor beneficio o se gestionen de un modo más eficaz, mediante modelos predictivos de la cadena de suministro.

- **Carga.** En este proceso, la IA puede calcular múltiples opciones de llenado, colocación y optimización de la capacidad de los vehículos. Así, por ejemplo, la Universidad de Oporto está desarrollando un proyecto para optimizar los paletizados en paquetería mediante IA y algoritmos para poder alcanzar la máxima ocupación posible en el llenado. Otras entidades y empresas desarrolladoras de robots de paletizado o preparación de pedidos, como Swisslog, Mosaic Dinamics o Robotiq, están trabajando también en la misma línea. Adicionalmente, compañías como Forankra trabajan en el desarrollo de plataformas de carga automática inteligentes, que pueden ser suministradas por redes internas automatizadas. El proceso permite controlar completamente un almacén, desde el silo automático, hasta la carga automática en el camión, dejando entrever cómo serán los almacenes del futuro.

- **Estiba.** En este campo, se hace una reinvención de todo lo existente. En la actualidad, la mayoría de las cargas se amarran con cintas, o se bloquean con algún dispositivo. En los camiones autónomos, como se ha comentado en el cuadro 5.2, se hará necesario un desarrollo de dispositivos dotados de IoT, sistemas de bloqueo automatizado y otros elementos. Todo esto generará una conexión de los dispositivos con la IA, que los podrá monitorizar e incluso manejar y regular. A modo de ejemplo, la empresa HDZ Consulting cuenta con tecnología de este tipo capaz de controlar útiles de estiba o bloqueo y de trasladarla a dispositivos de control, gestores de flotas, o programas capaces de realizar advertencias o emitir alertas.

- **Descarga.** Se están desarrollando múltiples plataformas automatizadas para facilitar este proceso y automatismos para el traslado interno hasta el punto requerido. Todo esto supone una coordinación integral del almacén, que puede generar múltiples ahorros a lo largo de la cadena de logística. Todo este tipo de plataformas, vehículos autónomos de almacén y subprocesos serán controlados por una IA central, conectada al sistema de gestión de almacén o SGA o central (ERP, siglas de *enterprise resource planning)*, en búsqueda del camino más eficiente.

Por otro lado, la IA elabora modelos de predicción para anticipar la demanda futura, los eventos disruptivos que pueden originar cambios de comportamiento en los mercados o los posibles problemas logísticos en la cadena de suministro. En los capítulos precedentes sobre gestión de la demanda y de las operaciones se aborda cómo el aprendizaje automático, por ejemplo, puede identificar patrones estacionales, optimizar un inventario y, en general, mejorar la eficiencia operativa para predecir la demanda de productos y, por tanto, la organización de las flotas de vehículos.

Retos legales

Estiba y vehículos autónomos

En cuanto al vehículo comercial autónomo, hasta la actualidad no se ha abordado una normativa específica, sino que se ha regulado principalmente a través de la normativa general sobre circulación de cada país.

En el momento de publicar este libro, podemos tomar el ejemplo de la Dirección General de Tráfico española (DGT), que prepara un reglamento de vehículos totalmente automatizados que hará posible que estos puedan circular por las carreteras. Esto supone un avance legal por delante de la propia tecnología, que aún presenta algunas deficiencias para garantizar totalmente la seguridad vial.

De forma conexa, un *Manual de circulación segura y de certificación* requerirá que los sistemas autónomos cumplan ciertas normas de homologación y circulación, que podría hacerse bajo declaración responsable de la persona titular.

Estas nuevas normativas modificarían el sistema actual de seguros, puesto que el responsable sería el operador final o conductor, siempre que supervise la marcha y tenga el control de la máquina. En este caso, responderá de todo daño causado, aunque no haya negligencia por su parte. Si no pudiera detener el vehículo en caso de riesgo, no tendrá responsabilidad y tendríamos que ver si el daño causado fue un fallo del vehículo (Directiva europea de productos defectuosos), o una negligencia del fabricante por falta de actualización del *software* (Directiva europea de responsabilidad de daños extracontractuales).

Por otro lado, siguiendo con el ejemplo español, se hace necesaria toda una actualización de la ley que regula el Contrato de Transporte por Carretera,[1] así como del Reglamento General de Circulación[2] en lo referente a la estiba. Y más concretamente sobre los procesos sobre quién deberá realizar la estiba y sobre cómo monitorizarla.

Actualmente, la normativa indica que la responsabilidad de la estiba es de la empresa cargadora, pero que puede derivarla a la porteadora mediante pacto expreso, realizado antes de la efectiva presentación del

---

[1] Ley 15/2009 de 11 de noviembre.
[2] Real Decreto 1428/2003.

vehículo. Sin embargo, el uso y la costumbre hace que sea finalmente el personal conductor quien realice la estiba, principalmente en camión y con la colisión práctica de la regla Incoterms EXW.

Pero, ¿qué pasará cuando no haya conductores que realicen la estiba?:

1. La estiba sobre vehículos autónomos podrá ser realizada por personal propio, pero habitualmente con útiles del vehículo autónomo.
2. El vehículo autónomo podrá estar dotado de elementos de estiba automática. Por ejemplo, sistemas de trincaje aéreo motorizados, bloqueos automáticos, u otros. En este sentido, la IA del vehículo autónomo necesitará tener instrucciones o recomendaciones sobre cómo realizar la estiba en su *software.*

En cualquiera de los dos casos anteriores, se hace necesario y sería recomendable que las normativas regularan:

- La obligatoriedad de que las empresas cargadoras y remitentes trasladasen fichas de estiba electrónicas, con los datos que precisase la IA para realizar adecuadamente esta estiba y poder monitorizarla durante el trayecto.
- Los vehículos autónomos y sus sistemas de IA deberían interpretar y actuar según las fichas de estiba electrónicas proporcionadas, lo que requiere estándares comunes de datos y formatos interoperables. Para recopilar, acumular, analizar y tratar datos será esencial cumplir con el principio de interoperabilidad.[3]

---

[3] En España, una de las normas más conocidas es el Real Decreto 4/2010, por el que se regula el Esquema Nacional de Interoperabilidad (y también el Real Decreto 3/2010, por el que se aprueba el Esquema Nacional de Seguridad).

- La regulación y el marco operativo de la IA aplicada a la estiba debe especificar claramente la asignación de funciones para determinar las responsabilidades contractuales y extracontractuales en caso de incidentes, incluyendo el marco para la cobertura de seguros. En estiba, ¿cómo se articulará la entrega de fichas e instrucciones?[4] ¿Sobre quién recaerá la obligación de aplicarlas correctamente? ¿Y sobre quién recaerá la diligencia o negligencia en este sistema? La regulación debe especificar claramente las responsabilidades de cada parte involucrada: empresas cargadoras, fabricantes de vehículos autónomos, desarrolladores de sistemas de IA y, potencialmente, los operadores de plataformas de intercambio de datos. Algo que parece que se ha vislumbrado en Europa con la Directiva sobre Responsabilidad civil extracontractual por IA y la Directiva de responsabilidad por los daños causados por productos defectuosos.

- Deberían establecerse protocolos para el monitoreo y la supervisión remota de la estiba y del transporte de mercancías, asegurando la intervención humana en caso de detectarse problemas. Para ello es crucial la renovación de las normativas en materia de prevención de riesgos laborales y de coordinación de actividades empresariales.

Marco de la responsabilidad civil de la IA en estiba

En 2023, la Comisión Europea propuso actualizar las normativas de responsabilidad para adecuarlas al contexto digital, presentando dos propuestas clave: la revisión de la Directiva sobre responsabilidad por

---

[4] En el caso de España, es de aplicación el art. 1902092 del Código Civil en cuanto a responsabilidad extracontractual, que establece la obligación de reparar un daño causado cuando medie culpa o negligencia en una actividad que requiera diligencia por nuestra parte.

productos defectuosos (Directiva 85/374/CEE del Consejo, de 25 de julio de 1985) y la introducción de una nueva directiva específica sobre responsabilidad en materia de IA.

Estas propuestas buscan establecer normas uniformes en materia de responsabilidad civil en el uso de IA, pero que siguen presentando interrogantes. Por ejemplo, la propuesta de directiva sobre responsabilidad limita su aplicación a sistemas de alto riesgo (art. 6 Ley de la IA; entre otros, biometría, gestión de infraestructuras digitales críticas y tráfico rodado). Además, explícitamente indica que no afecta a las normas de responsabilidad de la normativa de transportes, por lo que se hace esencial modificar la misma para introducir cuestiones ya comentadas en carga, estiba y vehículos autónomos. Que sería la vía adecuada.

Ahora bien, para entender el tema de la responsabilidad en el uso de la IA tenemos que diferenciar dos conceptos: IA generativa (aquella que genera contenido) e IA supervisada (aquella que no lo crea, pero coordina y automatiza procesos). En este apartado, obviamente hablamos de IA supervisada, salvo que el propio vehículo autónomo genere sus propias fichas electrónicas o las elabore a partir de las existentes en su base de datos.

En la IA supervisada, hemos de distinguir entre dos conceptos también; la responsabilidad contractual, que se da cuando la IA la usamos en base a un contrato con un proveedor (que nos la ha desarrollado, alquilado, etc.) y ocasiona un resultado o ausencia de él, y la responsabilidad extracontractual, aquella donde se genera un daño al margen de un contrato, como pueden ser los sistemas desarrollados en la propia empresa.

En primer lugar, la diferencia anterior es importante conocerla porque tiene diferentes matices legales y, por ello, se deberían adoptar determinados estándares que son muy poco conocidos, como las dos normas ISO siguientes:

Norma ISO/IEC 42001:2023, Artificial intelligence - Management system. Especifica los requisitos para establecer, implementar, mantener y mejorar continuamente un sistema de gestión de inteligencia artificial o AIMS (siglas de *AI Management Systems)* dentro de las organizaciones. Está diseñada para entidades que proporcionan o utilizan productos o servicios basados en la IA, asegurando el desarrollo y uso responsable de los sistemas de IA.

¿Por qué es importante? Es la primera norma del mundo sobre sistemas de gestión de IA, proporcionando una guía valiosa para este campo de tecnología de rápido cambio. Aborda los desafíos únicos que plantea la IA, tales como consideraciones éticas, transparencia y aprendizaje continuo. Para las organizaciones, establece una manera estructurada de gestionar los riesgos y oportunidades asociados con la IA, equilibrando la innovación con la gobernanza.

Norma ISO 31022:2020 - Gestión del riesgo: directrices para la gestión del riesgo legal. Un marco de referencia que nos ayuda a identificar los riesgos legales generales en la empresa, *ad intra* (contratación, laboral, importaciones, exportaciones…) y *ad extra* (clientes y proveedores).

En este análisis se debería evaluar cómo funciona la IA en nuestra empresa. ¿Quién aporta las fichas de estiba electrónicas? ¿Quién las supervisa? ¿Qué función ha realizado el fabricante del sistema? ¿Y la empresa cargadora?

Una vez tengamos estas respuestas, aplicaríamos la Propuesta de Directiva del Parlamento Europeo y del Consejo por la que se adaptan las normas de responsabilidad civil extracontractual a la IA o las propias de la responsabilidad civil. En primer lugar, cuando existe un daño, es importante saber quién debe demostrarlo.

Este texto legal establece una presunción *iuris tantum* (salvo prueba en contrario) del nexo causal en caso de culpa. Dicho de otra forma, quien sufre el resultado por la IA debe demostrarlo, pero no siempre la prueba la tiene él en su poder, sino un tercero. Si esta tercera parte no aporta esa prueba, se puede entender como indicio de responsabilidad (art. 3.5) o culpa del demandado en ocasionar el resultado producido por la IA o, la ausencia del mismo. Pero este esquema se aplica en sistemas de alto riesgo, según está clasificado en la Ley de Inteligencia artificial (art. 6) aprobada en la Eurocámara el 13 de marzo de 2024.

Si el incidente se ha producido por funcionamiento defectuoso de la IA –por ejemplo, si es la empresa fabricante la que la ha dotado de sus fichas de estiba electrónicas y su funcionamiento ha sido erróneo–, la responsabilidad podría recaer en esta. Si la supervisión o entrega es de un tercero, habría que analizar qué papel tiene y si tuvo responsabilidad *in vigilando*.

IA en drones

En lo que se refiere a los drones, cada país tiene sus regulaciones específicas. Por ejemplo, en España, el organismo que regula el uso de drones es la Agencia Estatal de Seguridad Aérea (AESA), que se encarga de velar por la normativa aplicable.[5]

En su regulación se echa en falta un desarrollo en lo relativo a transporte y entrega de mercancías con drones, en particular en reparto urbano. En este sentido, se deberían introducir medidas obligatorias de seguridad, como paracaídas o airbags, que evitasen daños a peatones, protectores de carga, procesos y regulación de la contratación del transporte mediante drones y responsabilidades de las partes, entre otras.

---

[5] Desde el 1 de enero de 2024, es de aplicación el marcado de clase de aeronaves no tripuladas (UAS) y la identificación a distancia directa del RD (UE) 2019/945.

No obstante, en entornos industriales se realiza reparto de piezas de productos entre naves, en un mismo polígono. Aunque se utiliza para transportar mercancía ligera, también es útil para analizar cubiertas de camión o carga y extraer datos y tendencias en operaciones y estiba.

Estamos en un momento incipiente del transporte aéreo urbano de mercancías para lo que se necesitará crear infraestructuras que permitan operar vehículos autónomos en el espacio urbano, construcción de vertipuertos y la participación de desarrolladores y agentes dedicados a la seguridad en el espacio aéreo y su regulación.

Última milla y ciudad inteligente

Está claro que el transporte de última milla convivirá con las ciudades inteligentes, que ya son una realidad, y se desarrollarán mucho más en un futuro próximo.

La ciudad inteligente o *smart city* está definida como aquella ciudad justa y equitativa que mejora la calidad de vida; aplicando sensorización y uso de datos para la mejora de la sostenibilidad ambiental, económica y social de la misma.[6]

Pero, a menudo, en las regulaciones sobre ciudades inteligentes se han olvidado del transporte comercial y el reparto de última milla. Mucho más de las bondades de los vehículos autónomos y la integración de la IA en procesos de seguridad y estiba. También de los drones. Todos ellos ayudarían al cumplimiento de la normativa.

Se necesitan espacios cercanos a los núcleos urbanos para procesar algunos productos, es algo que debe pertenecer como pieza esencial de abastecimiento de la ciudad inteligente, y es solo el principio de una gran transformación urbana. Todos necesitamos acceder a deter-

---

[6] Martínez Gutiérrez, R. *Smart cities* y protección del medio ambiente. *Cuadernos de derecho local*, 39 57, 2021, págs. 56-57.

minadas mercancías, pero queremos más eficiencia, más rapidez, pero menos emisiones y menos ruido. Por eso se debe repensar el diseño de la logística urbana, incluyendo el motor de la cadena de suministro y su sostenibilidad como eje del abastecimiento urbano.

En definitiva, hace falta tomar conciencia de la importancia de estas nuevas tecnologías, procediendo a regular estos campos, no ya a escala operativa sino de sostenibilidad, muy en línea con los Objetivos de Desarrollo Sostenible (ODS) de la Cumbre de Naciones Unidas de 2015.

IA en la gestión y contratación del transporte

Hasta hace unos años, la única forma que había de contratar transporte era el contacto directo entre la parte compradora y la vendedora. A veces esto se realizaba en reuniones presenciales. En otras ocasiones se apostaba por otros medios de comunicación tales como el teléfono o correo electrónico.

De igual modo, la gestión de los envíos, los vehículos y del personal conductor se hacían de forma manual, mediante pizarras, cuadernos u hojas de cálculo, principalmente.

Hoy en día, gran parte de la contratación del transporte se realiza mediante medios digitales, entre los que destacan los siguientes:

- Plataformas de licitación electrónica.
- Bolsas de carga.
- Comparadores de precios.
- Intermediarios electrónicos.
- Portales de compra electrónica.
- Tarificadores digitales.
- Plataformas de comparación digital.

Por su parte, la gestión también se ha modernizado notablemente, gracias al auge de las tecnologías 4.0, en especial debido a su factor colaborativo. Entre las principales herramientas de gestión digital del transporte nos encontramos con:

- ERP de transporte.
- Sistemas de gestión del transporte o TMS (siglas de *transport management system*).
- Gestores de flota.
- Programas de seguimiento de envíos.

Vamos a conocer un poco más de algunos de ellos y de su relación con la IA.

IA en los sistemas de gestión de flotas

Un gestor de flota es un programa informático que permite a los equipos responsables realizar una gestión integral de sus vehículos, personal conductor y resultados financieros desde un solo lugar. Así, por ejemplo, son funciones habituales de los sistemas gestores de flota las siguientes:

- Seguimiento de vehículos.
- Seguimiento de activos y recursos.
- Organización del personal conductor.
- Gestión del flujo de trabajo. Asignación y monitorización de trabajos.
- Navegación profesional para camiones, con diferentes funciones extras (conducción eficiente, ADAS, etc.).
- Control financiero de los gastos y ventas. Gestión financiera.

- Control del mantenimiento de los vehículos.
- Control documental.
- Geolocalización de los vehículos.

La IA se ha integrado progresivamente en los sistemas de gestión de flotas, y particularmente de manera colaborativa. Así, por ejemplo, hay sistemas que permiten integrar cualquier dispositivo IoT con su tecnología en el vehículo, establecer alertas y reducir riesgos al detectar cualquier incidencia.

En otros casos se utiliza la IA para monitorizar la conducción y la imagen del personal conductor, mediante visión artificial desde una cámara frontal, a fin de avisarle de ciertos peligros, detectar cansancio o sueño y otros factores.

Un tercer caso sería el de la recepción de órdenes y la optimización mediante IA. Los sistemas de gestión de flotas con IA integrada, al recibir una orden de transporte pueden analizar todo el parque de vehículos disponible, la ubicación de los mismos, las horas libres de tacógrafo del conductor y otros factores, y emitir una propuesta sobre el mejor vehículo para realizar el trabajo. Esto puede reducir notablemente los kilómetros en vacío y mejorar la eficiencia de las operaciones, además de posibilitar el análisis predictivo para una mejor toma de decisiones.

La IA posibilita aumentar también la cantidad de vehículos que puede gestionar una sola persona. Así, por ejemplo, una tecnología de asistente virtual mediante IA permite al equipo responsable de tráfico interactuar con el sistema mediante voz y emitir todo tipo de peticiones sobre cálculo de opciones, monitorización, asignación de órdenes de trabajo, automatizar procesos, enviar correos electrónicos y otras muchas funcionalidades. Esto genera que un solo gestor pueda manejar hasta un 50 % más de vehículos, pudiendo dejar al asistente al cargo durante el resto de la jornada para monitorizar vehículos y cargas, y gestionar las decisiones a tomar durante las incidencias.

IA en las bolsas de carga

Una de las conexiones habituales de los sistemas de gestión de flotas son las bolsas de carga. La IA permite interactuar a ambos sistemas de modo que, por ejemplo, un gestor de flotas puede recibir una orden y la IA puede buscar la mejor opción entre todas las bolsas de carga de que se disponga.

Para las grandes agencias de transporte, también se abre un nuevo escenario. En caso de estar conectados con los clientes, las IA podrían detectar necesidades al comunicarse con otras IA, buscar todo tipo de opciones en la red, o al comunicarse con las IA de las subcontratas y determinar en unos pocos segundos cuál sería la mejor opción posible.

Para los transportistas, disponer de la IA integrada ya en las bolsas de carga que utilizan puede ser una gran ventaja, ya que puede ayudarles a localizar la opción más rentable para sus flotas. Esta tecnología está claro que puede optimizar la forma en que se producen las contrataciones. Pero no estamos hablando del futuro, ya que la mayoría de las bolsas de carga están trabajando con IA en esta línea.

IA en los sistemas de gestión del transporte

Más compleja es la integración de la IA en los sistemas de gestión del transporte, dotados de herramientas como las torres de control. Están orientadas a la integración de numerosos programas (SGA, ERP, gestor de flota, webs de seguimiento de cargas, etc.) en un solo lugar, a fin de dotar al gestor de un cuadro de mandos único, coordinado y homogéneo.

Dado que los diferentes programas informáticos de gestión están dotados de IA, integrarlos en un solo sistema supone integrar diferentes IA que pueden colaborar entre ellas.

En realidad, los sistemas de gestión del transporte son un anticipo de algo que va a ser el gran motor de la transformación digital en la logística: el cerebro IA corporativo. Esta mente digital única que controlará toda la empresa y sus departamentos tendrá una prolongación hacia la logística, en la que tomará decisiones, monitorizará transportes, contratará viajes y realizará otras muchas funciones, como la predicción de eventos, por ejemplo. En este sentido, lo que llamamos «torres de control» pueden verse como unos sistemas de monitorización que reflejan la actividad de la IA y sus prolongaciones hacia todos los segmentos de la cadena de suministro. Debajo siempre hay un motor potente que recopila y procesa todo tipo de datos internos o externos para desarrollar la mejor operativa posible. [Véase figura 4.11 del capítulo 4.]

Cumplimiento normativo y marco regulador en la gestión y contratación del transporte

La principal norma de referencia internacional es el Convenio CMR, que regula el Contrato Internacional del Transporte por Carretera.

Si bien se han dado algunos pasos en positivo hacia la transformación digital, como la autorización y posterior puesta en marcha de la carta de porte electrónica, aún hay que proseguir en lo referente a la contratación automatizada. No obstante, la legislación europea está realizando una importante labor en este campo. Así, por ejemplo, en 2019 se aprobó la Directiva (UE) 2019/2161 del Parlamento Europeo y del Consejo de 27 de noviembre de 2019, en lo que atañe a la mejora de la aplicación y la modernización de las normas de protección de las personas consumidoras de la Unión.

La inteligencia artificial ya se utiliza para generar contratos, mediante sistemas de chat por IA. Ahora bien, la empresa responde de los errores y problemas que se deriven de una mala redacción.[7] Además, la propia Ley de Inteligencia artificial de la Unión Europea obliga a las empresas de riesgo limitado a que indiquen si se ha utilizado la IA en la generación de contenido (principio de transparencia). Estos contratos, aunque mal redactados, son válidos ya que no puede alegarse ninguna razón para anularlos.

En lo que respecta a transporte, se permite utilizar la IA para crear ofertas individualizadas; por ejemplo, para fijar los precios de los diferentes productos y servicios que se ofertan, lo que se conoce como *pricing*. En ellas, la IA presupone la capacidad económica del receptor según varios parámetros (IP, terminal utilizado, etc.) para aumentar o disminuir la oferta, salvo los basados en datos sensibles como etnia o raza.

En un futuro nos encontraremos con contratos algorítmicos creados por dos IA que se comunican entre sí sin intervención humana, contratos solo permitidos en la actualidad en mercados financieros (según la Directiva europea MIFID 2014).

Por último, los países deberían modificar su Código Civil para permitir que los contratos puedan elaborarse con IA (por ejemplo, acuerdos con IA generativa), establecer reglas de nulidad como el error obstativo no imputable o dolo algorítmico y un futuro derecho de desistimiento.

IA en los almacenes

Existe una amplísima variedad de almacenes: de estanterías convencionales, dinámicos, automáticos, de cantiléver, paternóster, de silos,

---

[7] En España, según dicta el art. 62 de la Ley Defensa de los Consumidores.

de tolvas, sobre suelo… Dentro de todos ellos está la posibilidad de establecer sistemas automatizados que pudiesen ser controlados por una IA.

La IA como elemento central de gestión de almacenes y vehículos de almacén

Así, por ejemplo, tenemos la opción de contratar vehículos AGV, líneas automatizadas para la preparación de pedidos, flejadoras automáticas, o plataformas de carga automatizada, entre otras. En este sentido, la IA puede ejercer un papel de directora de orquesta, integrándose con cada uno de los elementos automatizados y diseñando los procesos óptimos de trabajo entre todas las partes.

La IA no debe circunscribirse al plano del almacén. En las empresas es aconsejable que la IA sea una tecnología centralizada, que sea utilizada por todos los departamentos. En este sentido, deberían automatizarse funciones de integración y cálculo de optimización desde la recepción de los pedidos en el área de ventas, hasta la carga y posterior seguimiento entre transporte y almacenes.

La automatización pasa por estandarizar procesos y aumentar progresivamente los medios mecanizados, automáticos y conectados un modelo de almacén 4.0

Los vehículos y automatismos de almacén ligados a la IA

Los primeros AGV se desarrollaron en la década de 1950. Pero nada tiene que ver la tecnología de aquellos pioneros con los AGV actuales y sus opciones. En los primeros años, las tecnologías habituales para el guiado eran el filoguiado (hilo conductor) y el optoguiado (línea de pintura). Posteriormente se introdujo el laserguiado, al que se le fue añadiendo el mapeado 2D/3D y la geolocalización.

En la actualidad, un nuevo elemento ha entrado en el guiado: la visión artificial. Esta no es una tecnología nueva. De hecho, sus primeros pasos fueron también en los años cincuenta del siglo xx, poco después del primer AGV. Sin embargo, esta tecnología es muchísimo más compleja que los AGV en sí y su desarrollo ha requerido mucho más tiempo, tener el soporte electrónico con la suficiente capacidad de procesamiento y disponer de redes que puedan soportar tal flujo de información.

La visión artificial nos abre un mundo de opciones, ya que elimina las barreras de las anteriores tecnologías de guiado, permitiendo a los vehículos una total movilidad por los almacenes, la realización de operaciones, como colocación en altura, carga, descarga, preparación de pedidos, etc.

Todo ello está dirigido por una potente IA que tamiza millones de datos por segundo y toma decisiones en base a lo que detecta. Esto mismo es trasladable a otros automatismos, tales como robots de almacén (clasificado, empaquetado, apilado, etc.), sistemas de consolidado o desconsolidado, u otros muchos procesos.

Diseño de almacenes y estrategias de distribución a través de IA

Más allá del almacén individual, podemos encontrarnos con otras opciones de aprovechamiento de la IA en este ámbito. Imaginemos, por ejemplo, que tenemos una empresa que dispone de 17 almacenes distribuidos por un territorio y un almacén central. Si la IA gestionase los 18 almacenes y tuviese que servir un pedido, ¿lo haría igual que un humano? Puede que sí. Pero no olvidemos que la capacidad de cálculo, algoritmos y otras funcionalidades hace que la IA pueda realizar millones de cálculos de optimización, que serían imposibles de realizar para un ser humano.

A tal efecto, la IA puede emplearse también para realizar otras funciones tales como:

- Cálculo de distribuciones óptimas de las mercancías en el almacén (lo que se conoce como diseño de *layouts* o planos de distribución en almacén).
- Cálculo de estrategias de emplazamiento para centros de distribución. Acorde a la demanda, ¿estamos usando el mejor emplazamiento como nodo logístico, o hay otras mejores opciones? Esto es algo que la IA puede analizar continuamente, lanzando las mejores propuestas y generando mayores ahorros que los que podríamos calcular los humanos manualmente.
- Cálculo de predicción. La IA podría procesar a mucha mayor velocidad –y sobre todo, con más precisión– datos históricos de ventas, patrones estacionales, tendencias del mercado y otros factores relevantes. No se trata solo de *prevenir* para evitar problemas potenciales, sino de *predecir,* anticiparse a eventos futuros.

Un ejemplo curioso de ello fue el inicio de Netflix. Como ya es conocido, la reina de las plataformas de *streaming* no comenzó siéndolo, sino que su primer negocio era la venta y posteriormente el alquiler de DVD por correo. Para dar respuesta a sus muchos clientes, Netflix desarrolló un sistema de pequeñas oficinas de distribución local que recogían y reexpedían los DVD en las zonas en las que hubiese demanda. Como los almacenes eran muy pequeños y la demanda muy variable, Netflix los alquilaba por poco espacio de tiempo y generó una serie de algoritmos para determinar la ubicación óptima de los nodos, para así poder mudarse rápidamente y aprovechar los lugares que mayor ahorro le produjesen. Esta fue una de las claves de su éxito frente al gigante Blockbuster, que jamás pudo alcanzar su competitividad.

Cumplimiento normativo y marco regulador de la IA en los almacenes

En muchos países, las regulaciones que se aplican a la IA en general también pueden afectar a su implementación y uso en almacenes. Dado que en un capítulo específico de este libro se aborda la normativa de la IA, no vamos a profundizar aquí sobre ello, pero sí podemos indicar que, dentro de los almacenes, hay algunas áreas a las que se aplica la regulación general.

- **Privacidad de datos y protección.** La recopilación, tratamiento y almacenamiento de datos por sistemas de IA deben cumplir las normativas de protección de datos, como por ejemplo el Reglamento General de Protección de Datos (GDPR) en la Unión Europea. Esto implica garantizar un almacenaje, tratamiento y mantenimiento correcto de los mismos.

- **Seguridad laboral y normativas de empleo.** Una adecuada formación para interactuar con tecnologías automatizadas, evaluación de riesgos y la implementación de medidas preventivas para evitar accidentes laborales. También debe considerarse el impacto de la automatización en el empleo y las posibles necesidades de reubicación o reconversión profesional de los trabajadores ante el desempleo tecnológico, para lo que necesitaremos estándares de buenas prácticas.

- **Seguridad empresarial.** La IA puede optimizar el manejo y almacenamiento de productos, pero debe cumplir con regulaciones específicas, especialmente en aquellos sectores con altos estándares de seguridad y calidad, como el farmacéutico y el alimentario.

- **Regulaciones ambientales.** Las regulaciones ambientales exigen minimizar el impacto ecológico, promoviendo prácticas como la eficiencia energética, la reducción de residuos y el reciclaje de productos. La IA contribuye a alcanzar estos objetivos con la optimización de recursos y la mejora de la gestión de residuos. No olvidemos que el nuevo paradigma mundial de «relocalización» de la producción hará cambiar el panorama normativo de huella de carbono en frontera.

- **Ciberseguridad.** La dependencia de los almacenes de sistemas automatizados e inteligentes aumenta su vulnerabilidad a ataques informáticos. Las regulaciones en materia de ciberseguridad exigen su ampliación hacia medidas robustas para proteger la infraestructura crítica y los datos sensibles en el uso de IA.[8]

---

[8] En la Unión Europea, la Directiva NIS-2 obliga a mantener determinadas actuaciones en empresas con plantillas de más de 250 personas o facturación anual de 50 millones de euros. Entre ellas destaca el Plan de Contingencia como medida proactiva y reactiva.

Al margen del problema material y reputacional que supone una brecha de seguridad por el acceso a datos recopilados por la IA, está la obligación de comunicarlo a las autoridades competentes. Por ejemplo, en España, debe hacerse al Centro Criptológico Nacional (CCN) y la propia Agencia Española de Protección de Datos. El no cumplimiento puede conllevar sanciones de 25 millones de euros o un 2 % de la facturación anual global.

Conclusiones

Podemos decir que el avance tecnológico, normativo y cultural no es algo rápido. Hemos visto que muchos de los avances que ahora nos parecen disruptivos nacieron a mediados del siglo pasado y que aún estamos en un punto intermedio con muchos de ellos.

Esto es algo habitual en el campo tecnológico. La mayoría de grandes empresas tecnológicas entienden que su negocio puede tardar mucho en desarrollarse, pero es algo que ya lo tienen en cuenta en su origen. Un ejemplo es Intel, que empezó a hacer procesadores, conscientes de que la demanda tardaría en crecer, pero que cuando lo hiciese, estarían en la mejor posición posible. Otras empresas, como IBM, Nvidia, Apple, Tesla u otros han seguido también ese camino y filosofía.

La IA en logística ya está implementándose. Los camiones y drones autónomos de reparto lo harán en los próximos años. Los almacenes serán automatizados casi completamente. La IA será el motor de control, coordinación y toma de decisiones central de todas las empresas y los seres humanos pasaremos a ser gestores y supervisores de las IA colaborativas.

Con respecto al ámbito legal, es necesaria la colaboración entre reguladores, industria y sector académico para anticipar desafíos y desarrollar un marco que promueva la innovación a la vez que proteja los intereses públicos. Podríamos ver la creación de laboratorios de pruebas regulados, la promoción de estándares abiertos para la interoperabilidad de sistemas y la formación de alianzas internacionales para armonizar la regulación a escala global. La implementación exitosa y responsable de la IA no solo requiere avances tecnológicos, sino también un compromiso con el cumplimiento normativo, la ética y la sostenibilidad, asegurando que los beneficios de la automatización se distribuyan equitativamente en la sociedad y sin comprometer la seguridad o el bienestar de las personas y el medio ambiente.

En ese nuevo escenario, se generarán puestos de trabajo nuevos y también desaparecerán otros, como lo hicieron en su día muchos artesanos. Ahora, solo depende de nosotros decidir qué papel queremos desempeñar en ese nuevo escenario y qué podemos aportar en el mismo.

6
Pensamiento estratégico y gestión empresarial

José Luis Casal Castro
Asesor de empresas en procesos de innovación, estrategia y transformación digital

Hemos visto algunas de las potencialidades de la inteligencia artificial (IA), pero está claro que, por mucho desarrollo tecnológico que haya, no podemos esperar que las inteligencias artificiales nos hagan todo el trabajo. Hay muchas cuestiones a las que, por ahora, la IA no es capaz de llegar. Entre ellas, a la capacidad de tener un pensamiento estratégico y pensar como si fuera un CEO.

El pensamiento estratégico

En este capítulo, vamos a presentar el pensamiento estratégico como la capacidad de pensar *críticamente* a través de problemas empresariales *complejos*, alinear nuestros razonamientos con los objetivos corporativos y planificar hacia el futuro. Es decir, entendemos el pensamiento estratégico como la formulación y la reformulación del camino que debe seguir una empresa. Y sí, es cierto. Hoy en día, no es nada fácil imaginar un futuro en un entorno en el que lo único que es constante es su permanente transformación.

Sin embargo, por mucha incertidumbre que haya a nuestro alrededor, renunciar al pensamiento estratégico no puede ser una opción para ninguna empresa, por dos razones principales.

En primer lugar, el propio acto de pensar estratégicamente, de abordar críticamente la complejidad, fomenta unas habilidades blandas como el razonamiento analítico, la comunicación fluida, la capacidad de gestión y planificación o la resolución de conflictos, que ninguna empresa puede despreciar. E incluso, en el hipotético caso de que los resultados del pensamiento estratégico no sean satisfactorios, el simple hecho de incorporarlo en la cotidianidad de una compañía tiene un impacto en la capacidad de reacción de un equipo.

En segundo lugar, y especialmente relevante para el tema que nos ocupa, el pensamiento estratégico nos permite no solo entender el presente y apagar los fuegos que surgen en nuestro día a día, sino que, sobre todo, nos obliga a imaginar el futuro. A imaginar cómo será nuestra empresa dentro de diez o incluso veinte años.

De entrada, podría parecer que hacer este ejercicio de futurismo, al más puro estilo Carl Sagan, es una locura. O, mejor dicho, simplemente parece una acción estéril. ¿Por qué pensar veinte años en adelante cuando el mundo cambia a una velocidad vertiginosa? ¿No sería más importante focalizarse en los problemas que surgen a diario en lugar de jugar a imaginar?

Es cierto, la cotidianidad está llena de trampas, imprevistos y problemas que resolver. Y si estas cuestiones no se atienden con urgencia y dedicación, puede haber graves problemas en nuestras empresas. Eso está claro para todo el mundo.

Sin embargo, esa focalización constante en el presente puede hacer que despreciemos el futuro y que hagamos realidad el refrán y busquemos pan para hoy y hambre para mañana. Planteémoslo de otra manera. ¿Por qué no nos parece urgente y que requiere dedicación el futuro de nuestras empresas? Sí, seguramente nos podamos equivocar con nuestras imaginaciones futuristas, claro está. Pero, ¿acaso no es imperante prepararnos para un día de mañana en el que quizá el dinero físico haya desaparecido? ¿O en que la IA tenga un papel protagonista en nuestro mundo, igual que ahora lo tienen las computadoras? ¿O que, sin entrar en polémica, en el que quizá las notarías han sido sustituidas por sistemas de cadenas de bloques?

Es cierto que todo esto son elucubraciones. Y, al ritmo que se desarrollan nuevas tecnologías, es extremadamente difícil hacer predicciones con solvencia y actuar consecuentemente. Hay mucha incertidumbre y la experiencia nos ha enseñado que el futuro puede serlo todo en potencia. Pero esa complejidad no puede legitimar la inacción o el desinterés. El futuro es, sin duda, cambio y transformación. Seguramente a gran escala. Y, ante esa disyuntiva, estemos en el sector que estemos, tenemos dos opciones.

Por un lado, podemos decidir mirar para otro lado, y dejar que sean otros los que imaginen el futuro. Y decir eso de «nosotros ya nos adaptaremos, como lo hemos hecho siempre». Por el otro, podemos atrevernos a imaginar, arriesgar y, con un poco de suerte, dibujar el día de mañana. La primera opción es cómoda, pero no estratégica. Imaginemos nosotros o no, seguro que habrá otras empresas que estén decididas a poner su granito en el particular castillo de arena que será el día de mañana. Así que, si optamos por una opción de mantenimiento del presente, no tendremos dolores de cabeza añadidos, pero tampoco iniciativa. Seguiremos el carro de los otros innovadores y, sin duda, no quedaremos bien posicionados en el escenario futuro. La segunda opción es arriesgada. Es meterse en unas arenas movedizas en las que no tenemos referencias. Y es, también, la que explora este libro. Sin lugar a duda es incómodo y seguramente caro. Pero, aunque parezca lanzarse al vacío, es estratégico. Porque nos situamos en el camino de los que, además de filosofar con el futuro, trazan sus primeras líneas. Seremos autores, y no simples espectadores.

La discusión, entonces, está servida. ¿Cómo podemos situarnos en la vanguardia del futuro? ¿Qué decisiones debemos tomar? Si cada día aparece una nueva tecnología que parece destinada a ser la mayor disrupción hasta la fecha, ¿en base a qué criterios podemos decidir? ¿Dónde están las señales que guían hacia el futuro?

Intuición y toma de decisiones

Como estamos viendo, la toma de decisiones es la principal responsabilidad de todo líder empresarial. Cada día debemos tomar una serie de decisiones, desde estratégicas sobre modelos de negocio y dirección de productos hasta tácticas relacionadas con cuestiones de clientes y empleados. El directivo de hoy se enfrenta a un sinfín de preguntas sobre a quién contratar, cuándo despedir, qué tecnología implementar, qué proyectos financiar y cómo aislar a una empresa de los golpes del cambio constante.

Hacemos todo lo posible por fundamentar nuestras decisiones basándonos en el análisis y la ponderación cuidadosa de todos los hechos. Podemos emplear hojas de cálculo, matrices y fórmulas que predicen los resultados más probables para aumentar nuestra confianza en las decisiones que tomamos. Pero, por desgracia, nunca podremos estar seguros de cuál es la mejor opción hasta que no la hayamos llevado a la práctica en toda su extensión. Cada elección que hagamos dará lugar a una cascada de resultados, todos ellos inextricablemente ligados a un único acto o directiva. A menudo, estas decisiones se toman en una fracción de segundo o, peor aún, bajo coacción.

La ley de las consecuencias imprevistas prácticamente garantiza que una acción intencionada producirá algunos resultados no previstos y tal vez indeseables. Como no podemos saber cuál es la opción correcta hasta que se ha tomado la decisión y se han revelado todos los resultados, la responsabilidad de la toma de decisiones parece aún más grave. Sin embargo, para un líder empresarial, lo único más perjudicial que las consecuencias imprevistas es la indecisión. La inacción tiene un costo real, y la falta de acción es en sí misma una acción.

Así que debemos elegir.

Pero ¿cómo proceder con convicción? El proceso más estricto de «análisis de decisiones» aprovecha modelos complejos y árboles de decisión para comparar la probabilidad de varios resultados. Todos los elementos emocionales se eliminan por completo de la ecuación, lo que convierte este enfoque en un proceso algo estéril que ignora indicios más sutiles.

Un argumento popular es que deberíamos confiar en nuestro instinto, que nos impulsa energéticamente hacia nuestro destino. Pero, por contraintuitivo que parezca, puede que el instinto no sea el mejor motor de nuestras decisiones. El instinto tiene sus ventajas. Surge de forma natural, siempre está ahí, listo para que lo utilicemos. Es algo con lo que «nacemos», así que no tenemos que aprenderlo, aunque sí tenemos que aprender a ponernos en contacto con él. Sin embargo, debido a su naturaleza innata, el instinto está más estrechamente relacionado con la emoción, y muy a menudo, esa emoción es el miedo. La emoción, y una gran inteligencia emocional, son fundamentales para tener éxito en los negocios y en la vida. Esta correlación significa simplemente que el instinto es una señal más unidimensional que puede llevar a tomar decisiones sin tener en cuenta toda la información disponible y, de nuevo, a menudo desde una perspectiva basada en el miedo.

La intuición es única porque aúna la reacción emocional del instinto con la respuesta intelectual del análisis. En otras palabras, combina el sentimiento con el pensamiento. Es equilibrada.

Más concretamente, la intuición se basa en nuestra experiencia pasada, que es la fuente más rica de sabiduría. La experiencia nos ayuda a superar la naturaleza abstracta de los modelos y las ecuaciones y nos empodera con lo empírico. ¿Qué experimentos hemos observado personalmente? ¿Cuáles fueron las variables y cómo se obtuvieron los resultados? ¿Cómo concuerdan estos resultados con las hipótesis de los experimentos y qué conclusiones pueden extraerse de ellos? Y lo que es más importante, ¿cuál es la relación entre nuestros instintos iniciales y los resultados finales? ¿Nuestros instintos nos han llevado en una dirección u otra? ¿Podemos pensar en ocasiones en las que nuestros instintos nos llevaron a tomar decisiones más conservadoras con un éxito limitado y, a la inversa, ocasiones en las que tomamos medidas demasiado arriesgadas con resultados catastróficos? De cara al futuro, ¿cómo combinamos nuestros instintos con todos los datos de los que disponemos?

Aquí tenemos tres pasos que podemos dar para poner en práctica la toma de decisiones basada en la intuición.

1. **Empecemos por el instinto.** En nuestro subconsciente reside una enorme inspiración que puede ser la base de nuestra perspectiva sobre una situación determinada. La clave está en escuchar primero lo que nos dice el instinto antes de iniciar cualquier proceso analítico real, para no interferir en la pureza de la señal.

2. **Hagamos números.** Una vez que hayamos tomado nota mental de nuestra tendencia instintiva, construyamos un modelo de

análisis cuantitativo. Las hojas de cálculo y los árboles de decisión pueden ayudar a asignar prioridades y probabilidades de diversos resultados. Hacer esto de forma objetiva permite separar estos resultados del primer paso.

3. **Superponer la experiencia.** Sin duda, cualquier experiencia pasada con decisiones similares resulta vital. Pero puede que no nos hayamos enfrentado a situaciones comparables en el pasado, por lo que podemos buscar análogos que nos hayan enseñado algo relevante. Las lecciones de estas experiencias pasadas son los ingredientes clave que unen la reacción visceral del primer punto con la respuesta cerebral del segundo.

Esta calibración continua es la forma en que «perfeccionamos» nuestra intuición. Así es como conseguimos ser más eficaces, mejores resultados, y también más eficientes, decisiones más rápidas, con el paso del tiempo. Desarrollar esta habilidad para tomar decisiones es una de las actividades más importantes para un líder empresarial. Este proceso no garantiza el éxito, nada puede hacerlo. Todas las decisiones conllevan riesgos. Pero además de lo que nos dice nuestro «instinto», si somos capaces de tener en cuenta lo que nos ha enseñado nuestra experiencia, abrimos nuestras vías a las señales de mayor fidelidad y nos damos la oportunidad de ver y sentir nuestro camino.

Sin embargo, somos humanos. Y del mismo modo que no podemos pretender ganar una partida de ajedrez a un módulo, tampoco podemos tratar de analizar todos los datos que tenemos para tomar una decisión mejor que una inteligencia artificial. Y esto no significa deshumanizar la toma de decisiones. Cualquier decisión, por muchos algoritmos en los que esté respaldada no funcionará si no cuenta con nuestra intuición. Porque no nos la vamos a creer ni la vamos a transmitir con convicción. Se trata de potenciar a los humanos con

IA y crear una visión más holística y conveniente de todos los datos de nuestras actividades empresariales para permitirles tomar la mejor decisión posible.

Y toda ayuda es bienvenida... ¿y quién mejor que la tecnología?

Hablemos de *inteligencia de decisión.* Y con esto nos referimos a la forma en que las personas toman decisiones empresariales, independientemente de su función o sector. Tiende un puente entre los datos centrados en la analítica y las plataformas de IA.

El factor clave de la inteligencia de decisión es su enfoque en los resultados. Haciendo hincapié en estos, lo que ofrece tanto a los responsables de la toma de decisiones comerciales como a los equipos técnicos un espacio para abordar problemas empresariales reales.

¿Por qué la inteligencia de decisión se ha convertido en tendencia en el entorno empresarial en los últimos tiempos y lo seguirá siendo? Pues porque:

- Diferentes informes demuestran que cuantos más datos tenga, mejor, independientemente de la decisión que esté tomando.
- Según la consultora en tecnología Gartner, más del 33 % de las grandes organizaciones tendrán analistas especialistas en inteligencia de decisión, incluido el modelado de decisiones.
- IDC prevé que tres cuartas partes de las grandes empresas se enfrentarán a puntos ciegos debido a la falta de redes de conocimiento inteligentes.

En un cambio de paradigma global en el que los datos se están comiendo el mundo, muchas organizaciones se dan cuenta de que, para seguir siendo competitivas, satisfacer las demandas de sus clientes, fomentar la innovación y ser receptivas al cambio, necesitan evolucionar para orientarse más hacia los datos y la IA.

Los modelos de decisión actuales suelen ser poco prácticos e impredecibles debido a la incapacidad de descubrir posibles desconexiones vinculadas a modelos de comportamiento en un entorno empresarial. Las organizaciones pueden utilizar la inteligencia de decisión para mejorar el proceso de toma de decisiones con la ayuda de algoritmos de aprendizaje automático e IA.

Las empresas intentan incesantemente mejorar la productividad de sus operaciones cotidianas y eliminar los sesgos mediante el uso de la inteligencia de decisión que fomenta la automatización sin ignorar el valor del juicio, el conocimiento y la intuición humanos. Además, está ayudando a las empresas a lograr más con menos maximizando el análisis de datos, el aprendizaje automático y la inteligencia artificial para una mejor toma de decisiones.

Cómo transformar nuestra organización en una que utilice inteligencia de decisión

La inteligencia de decisión es un campo relativamente nuevo que utiliza tecnología inteligente para apoyar, facilitar y automatizar las decisiones empresariales. Por lo tanto, introducir este enfoque requiere un planteamiento estratégico centrado en la claridad y el aprovechamiento que aporta.

Debemos crear un equipo de excelencia, con partes interesadas clave de todos los departamentos, acordando un consenso para el estado actual y abogando por un nuevo modelo operativo que gire en torno a los datos y la IA.

Aportemos claridad sobre cómo vamos a medir el éxito de las decisiones centrándonos en resultados claros con un impacto significativo.

Elaboremos una hoja de ruta de implantación destacando las decisiones de mayor impacto, seguidas de un plan de implantación por fases.

La alta dirección es un motor importante que debe garantizar que los distintos casos empresariales se ajusten a las actividades cotidianas. Seamos valiente a la hora de tomar nuevas iniciativas, y analicemos e iteremos con frecuencia. Formemos a nuestros equipos y démosles la oportunidad de ser creativos en la exploración de nuevos modelos de inteligencia empresarial.

Sin duda, transformaremos la forma de tomar decisiones para ser más eficaces, resistentes a la volatilidad y superar el rendimiento empresarial. La inteligencia de decisión impactará en muchas áreas de la empresa.

- *Hará replantearse la forma de trabajar.* Gran parte del trabajo actual es tedioso e insatisfactorio, lo que afecta gravemente a la productividad y la felicidad. Con el tiempo tendremos que dejar de definir a las personas por su trabajo y plantearnos reducir el trabajo aburrido gracias al tiempo liberado por la inteligencia de decisión. Esto nos ayudará a conseguir un trabajo más útil, creativo e innovador.
- *Redefinirá cómo pensamos y aprendemos.* La capacidad de pensar y aprender consiste en analizar datos, descubrir puntos de vista, elaborar predicciones y respaldar la toma de decisiones. Contar con marcos de inteligencia de decisión combinará y desbloqueará la entrega de información única que ayuda a ampliar el alcance de la automatización y los procesos empresariales integrales.
- *Reinventará el* marketing. Surgirán nuevos modelos de negocio de captación de clientes en los que podremos consolidar nuestra ventaja competitiva, crear segmentos de clientes muy granulares, adelantarnos a las necesidades del mercado y diseñar estrategias centradas en el cliente.

- *Rediseñará las organizaciones.* Adoptar inteligencia de decisión ayudará a las empresas a empezar a construir una cultura impulsada por los datos, que cuente con una base tecnológica que permita a las organizaciones sintetizar la información, aprender de ella y aplicar los conocimientos a escala. Esto creará una cultura meritocrática que fomentará iniciativas impulsadas por objetivos y creadas para el negocio, al tiempo que acortará el plazo de toma de decisiones e impulsará una mayor agilidad y resistencia.

Resumiendo, los responsables de la toma de decisiones necesitan todos los instrumentos disponibles que les ayuden a formular las preguntas adecuadas sobre sus datos. La inteligencia de decisión puede ayudar a los líderes a establecer perspectivas y recomendaciones empresariales significativas y procesables. Dado que los datos y la información son cada vez más importantes, contar con una ayuda para tomar decisiones inteligentes y ofrecer resultados predictivos será la próxima forma de transformación digital.

Datos para entender a las personas

El pensamiento estratégico pasa por entender qué quiere nuestro público y aprovecharlo para generar nuevas necesidades. Si nadie nos consume, estamos destinados al fracaso. Y en ese aspecto, los datos son sin duda uno de los principales motores del éxito empresarial. La capacidad de una empresa para sacar partido de la riqueza y complejidad creciente de los datos disponibles es, cada vez más, un factor diferenciador entre los líderes del mercado y los que no lo son.

El potencial de los datos para permitirnos comprender mejor y adaptarnos a los comportamientos cambiantes de los clientes es una de sus características más poderosas. Un claro ejemplo lo hemos visto a nivel social, cuando se ha utilizado para hacer frente a la propagación y las consecuencias de la pandemia al permitirnos comprender las actividades y los movimientos de las personas. Muchas de las técnicas utilizadas para ello fueron desarrolladas por las empresas: en finanzas, se han convertido en expertas en la prevención del fraude mediante la detección de comportamientos periféricos que pueden significar que hay gato encerrado. En *marketing,* se utiliza para generar la «visión de 360 grados del cliente» que ayuda a identificar a quienes están a punto de tomar decisiones de compra y poner los productos y servicios firmemente en su línea de visión. Tanto si se trata de prever la propagación de pandemias como de predecir lo que la gente quiere comprar, los datos mejoran nuestra comprensión del mundo que nos rodea, y eso incluye la maravillosa variedad de personas que viven en él.

En cualquier caso, los datos no solo pueden tener beneficios para quien vende sus productos o servicios, sino que facilitan la satisfacción de las necesidades de la clientela. El principio básico es que cuanto más conozcamos a nuestros clientes, con más precisión podremos predecir lo que quieren. También podemos ofrecérselo de la forma más conveniente para ellos.

Una gran analogía es la pesca. Al principio, era una actividad muy aleatoria: las flotas de barcos salían a pescar sin más información que los lugares en los que habían tenido éxito en el pasado. A medida que nos desarrollamos tecnológicamente, primero aprendiendo a navegar a través de las estrellas, luego aprendiendo a predecir el tiempo mediante la meteorología, hasta llegar a la invención del GPS y el sonar, nuestra capacidad para encontrar y capturar peces mejoró. Hoy podemos seguir el movimiento de los peces mediante satélites y sensores en el mar. Quienes se dedican a la pesca comercial tienen que mantenerse a la vanguardia de esta «carrera tecnológica»; si no lo hacen, se verán superados por los competidores que sí lo hagan y su futuro no será nada halagüeño. Hasta aquí, nada que no hayamos dicho ya.

«Pescar clientes» implica los mismos principios. Si no actualizamos continuamente nuestra capacidad de utilizar datos para localizarlos y comprender su comportamiento, nos adelantarán otros que sí lo hacen.

Qué datos necesitamos

Los datos sobre transacciones y puntos de venta son un punto de partida obvio para muchas empresas. Nos dicen qué compra la gente, cuánto paga por ello y nos permiten conocer las tendencias generales de consumo y las preferencias locales. Esto nos ayuda a diseñar productos y servicios en los que podemos estar seguros de que la gente gastará dinero. También nos permite optimizar los precios y fijarlos a un nivel en el que podemos estar seguros de que nuestros productos se venderán.

También son muy valiosos los *datos demográficos* de los clientes. Una vez que sabemos qué compra la gente, podemos saber quién compra qué. Como siempre, estos tipos de datos son mucho más útiles combinados que por separado. Trabajar con datos personales conlleva algunos riesgos y responsabilidades, por supuesto, y es esencial comprender los principios de la gobernanza de datos: cómo cumplir todas las normativas necesarias y asegurarse de que merece el alto nivel de confianza que sus clientes depositan en usted si le ceden sus datos personales.

Otra fuente de datos que no debemos pasar por alto son los *datos actitudinales.* Se trata de aquellos recopilados a través de estudios de mercado, a un nivel básico, o, en estrategias de datos más maduras, a través de métodos como el análisis del sentimiento en las redes sociales o de encuestas de satisfacción del cliente (CSAT), que nos aportan el grado de satisfacción de los clientes con una interacción, producto o servicio específicos. También son especialmente relevantes las opiniones y las reseñas, que nos permiten saber qué opina el público sobre nuestros productos y servicios. Las aplicaciones analíticas avanzadas que implican inteligencia artificial, normalmente aprendizaje automático, pueden crear informes automatizados que nos digan quién utiliza nuestros productos y qué dice de ellos mediante la monitorización del chat en redes como X, Facebook e Instagram.

Los datos transaccionales y de puntos de venta son datos internos, generados y exclusivos de la empresa, al igual que los datos de clientes si los recopila a través de programas de fidelización, de seguimiento del comportamiento, de puntuación del esfuerzo (CES). Sin embargo, también podemos adquirir datos de clientes, y otros conjuntos de datos externos adquiridos pueden ser increíblemente valiosos a la hora de generar más información.

Esto puede incluir datos económicos y de crecimiento del PIB para determinar dónde está el poder adquisitivo, datos meteorológicos para entender cómo afectan los cambios de estación o los patrones climáticos a los hábitos de compra, y acontecimientos locales y mundiales.

También incluye el tipo de datos que utilizamos cuando aprovechamos servicios como Google Trends para saber qué busca la gente en internet y otros como Custom Audience de Meta. Esto permite a las personas usuarias cargar lo que saben sobre sus propios clientes y, a continuación, utilizar algoritmos para poner sus anuncios frente a otros clientes con un perfil similar.

La combinación de todos estos conjuntos de datos, que requiere una infraestructura analítica bastante avanzada, permite hacer todo tipo de magia. Como ejemplo, el envío anticipado de Amazon, que se asegura de que los productos se encuentran en los centros de distribución más cercanos al lugar donde se querrán, pero en el futuro planea ser capaz de enviar artículos a los clientes incluso antes de que los compren.

Información en tiempo real y micromomentos

A medida que una empresa adquiere más experiencia con los datos y la analítica, y sus capacidades maduran, puede empezar a avanzar hacia casos de uso avanzados que implican datos en tiempo real, con el objetivo de captar lo que se denominan *micromomentos,* que no dejan de ser otra cosa que oportunidades de compra en fracciones de segundo que existen durante meros instantes, pero que pueden ser enormemente rentables si se identifican y se actúa en consecuencia a gran escala.

Walmart, por ejemplo, recopila ¡petabytes! de datos sobre los hábitos de compra de sus clientes, pero solo las transacciones más recientes y actualizadas se tienen en cuenta en sus algoritmos de predicción. Esto se debe a que entiende la velocidad a la que cambia el comportamiento de los clientes y solo los datos recogidos muy recientemente pueden ser útiles para decirnos lo que está sucediendo en este momento y en un futuro próximo.

Un buen ejemplo de micromomento es el de alguien que baja de un avión tras un vuelo. Puede que quiera encontrar una habitación de hotel, coger un taxi o simplemente sentarse a comer. En el pasado, las empresas esperaban que vieran un anuncio de sus servicios en la sala de llegadas. Hoy pueden aprovechar la oportunidad de identificar este momento vital y enviarles un mensaje de texto personalizado, una notificación o una ventana emergente que aparezca en su navegador de internet cuando desactiven el modo avión para informar a sus amigos y familiares de que han llegado sanos y salvos.

La tecnología de datos disponible hoy en día ofrece a las empresas una capacidad sin precedentes para comprender a sus clientes. Combinando datos transaccionales, demográficos y actitudinales procedentes de fuentes internas y externas, podemos predecir con mayor exactitud lo que quieren y asegurarnos de estar en el lugar y el momento adecuados para ofrecérselo.

Analítica de datos

Ya hemos visto antes cómo tomar las decisiones empresariales correctas es más importante que nunca y ante el incierto entorno a escala económica, geopolítica, social… en el que estamos, más todavía. Hacerlo utilizando macrodatos o *big data* y análisis de datos puede ayudar a impulsar el desarrollo empresarial, incluso en tiempos inciertos.

En términos sencillos, la analítica de datos utiliza tecnologías de *big data* y aprendizaje automático para descubrir patrones a partir de grandes volúmenes de datos que, de otro modo, habrían pasado desapercibidos. Estos patrones permiten a las organizaciones tomar decisiones eficaces y optimizar los procesos de desarrollo empresarial que impulsan el crecimiento.

Como comentaremos más adelante, lo novedoso de un enfoque que utiliza *big data,* analítica de datos y aprendizaje automático es que la toma de decisiones pasa de ser un proceso lento y complejo a un proceso ágil, lo que permite avanzar más rápidamente hacia los objetivos empresariales.

Es normal preguntarnos cómo la toma de decisiones basada en la analítica puede tener un impacto tan significativo en el desarrollo empresarial. Empecemos por lo obvio: la toma de decisiones es un proceso subjetivo; por lo tanto, está sujeto a sesgos y errores de juicio.

En este sentido, la analítica ayuda a tomar mejores decisiones basadas en percepciones y patrones de comportamiento en lugar de corazonadas o datos obsoletos. Esta toma de decisiones más rápida beneficia a múltiples aspectos relacionados con el desarrollo empresarial. Veamos algunos ejemplos en el cuadro 6.1.

¿Y cómo utilizar análisis de datos para detectar tendencias?

¿Nuestro mercado tiende al alza o a la baja? ¿Está creciendo o decreciendo? ¿La gente está más o menos interesada en comprar lo que vendemos que hace un año?

Muchas empresas realizan estudios de mercado y se detienen en el tamaño de su mercado, en cuántas personas están interesadas en lo que tienen que vender. Comprender el tamaño del mercado es importante, pero saber si ese mercado tiende al alza o a la baja también es vital para la toma de decisiones estratégicas y de *marketing*.

Hoy en día, cualquiera puede utilizar herramientas y análisis de macrodatos para detectar tendencias en un proceso denominado *análisis de tendencias de mercado,* es decir, el proceso de determinar si un mercado está creciendo, estancado o en declive y a qué velocidad se está produciendo ese movimiento.

Si sabemos, por ejemplo, que nuestro mercado está estancado o en declive, sabremos que nuestras empresas necesitan pivotar y tomar medidas para adaptarse a ese mercado. Podríamos crear algunas acciones innovadoras para poner en marcha el mercado estancado o invertir en investigación y desarrollo para crear nuevos productos o servicios que puedan competir en diferentes mercados con tendencias al alza mientras exprime hasta el último de los valores de los mercados en los que opera actualmente.

Si sabemos que nuestro mercado está creciendo, podemos retirar recursos de productos en mercados en declive para aumentar la oferta y sacar provecho de la coyuntura. Y así sucesivamente.

El análisis de las tendencias del mercado es algo que las empresas deberían hacer con frecuencia, idealmente cada seis meses, para poder calibrar la dirección del mercado y tomar mejores decisiones estratégicas y tácticas en consecuencia.

También forma parte de un proceso más amplio de análisis de mercado cuando pretendemos ampliar o aventurarse en nuevos mercados con productos y servicios nuevos o revisados.

Pongamos como ejemplo el boom que vivieron los cigarrillos electrónicos hace unos años. Aunque desde la década de 1950 sabemos que fumar es muy perjudicial para la salud, las grandes tabaqueras se las han ingeniado para manipular, cuestionar u ocultar los datos científicos para seguir obteniendo beneficios. Por supuesto, fumar crea adicción, así que aunque la mayoría de la gente se da cuenta ahora de que fumar les está matando, es difícil dejarlo. Y ahí es donde entran en juego los cigarrillos electrónicos. Podemos encontrar tiendas de cigarrillos electrónicos en las mejores ubicaciones de las ciudades.

Pero nadie sabe realmente hacia dónde se dirige ese mercado. Una empresa de cigarrillos electrónicos inteligente podría llevar a cabo

---

Cuadro 6.1
Toma de decisiones basada en la analítica de datos, clave del desarrollo empresarial

---

- **Optimización de los embudos de ventas**
  Gracias a lo que revelan los datos, se pueden tomar decisiones efectivas que permitan afinar los embudos de ventas actuales o diseñar y crear otros nuevos impulsados por los datos.

- **Racionalización de los procesos de venta**
  Una de las muchas ventajas de las organizaciones basadas en datos es que contribuyen a identificar procesos de ventas que pueden automatizarse o mejorarse. Esto, a su vez, permite agilizar los procesos y mejorar la experiencia del cliente.

un análisis de escenarios para evaluar varias opciones basadas en las posibilidades probables del mercado. Por ejemplo, es muy probable que los cambios legislativos influyan en el mercado más pronto que tarde. Fumar cigarrillos electrónicos ya está prohibido en muchos lugares, y lo más probable es que cada vez se prohíba en más. Esto influirá en el mercado y en su rentabilidad. También convendría medir la opinión de los clientes en medios sociales y estar al tanto de las tendencias del mercado y no verse sorprendidos por cambios imprevistos.

- **Mayor productividad**
  Una toma de decisiones eficaz repercute directamente en la productividad de toda la empresa, ya que proporciona la flexibilidad y agilidad necesarias para moverse al ritmo del mercado.

- **Provisión de modelos de precios ágiles**
  Una de las tareas más desafiantes para los equipos de ventas es determinar los modelos de fijación de precios cuando se ajustan a las condiciones cambiantes del mercado. Para ello, recurrir a patrones de macrodatos puede resultar útil para realizar los ajustes de precios necesarios en un tiempo récord, manteniendo una ventaja sobre la competencia.

- **Mejor identificación de los perfiles óptimos de los clientes**
  Disponer de datos actualizados y patrones de comportamiento de las personas consumidoras tiene un valor incalculable a la hora de comprender lo que buscan los clientes. Esta información permite a las empresas crear mejores perfiles de clientes y estrategias de *marketing* mejoradas.

Apliquemos el análisis de mercado en nuestras organizaciones

Los cambios en cualquier mercado son inevitables. La clave está en saber cuáles pueden ser esos cambios *antes* de que lleguen para poder adelantarse a ellos o adaptarse para afrontarlos y seguir siendo competitivo.

Todos los cambios suponen tanto una oportunidad como una amenaza. Muchos tienen también el potencial de afectar drásticamente al tamaño del mercado y, por tanto, a la viabilidad financiera. Tengamos en cuenta tanto el entorno externo como el interno que podemos controlar.

Por ejemplo, la aprobación de leyes y reglamentos, la opinión de los consumidores, la competencia, la publicidad, el tráfico de su tienda o sitio web, etc. Los cambios tecnológicos, la sensibilidad a los precios y la evolución de las condiciones políticas también pueden afectar a las tendencias del mercado.

Pero si practicamos el análisis de mercado, podremos estar al tanto de cuáles son las tendencias que más influyen y en qué dirección se dirige nuestro sector o mercado, antes de que se produzcan cambios importantes y bruscos, lo que nos colocará en una buena posición para superar a nuestros competidores.

La interacción con el cliente

Si hemos usado los datos que tenemos a nuestra disposición correctamente, deberíamos tener una imagen bastante precisa de qué quieren nuestros clientes en términos globales. Sin embargo, no podemos confiarnos. Las necesidades de nuestro público objetivo pueden cambiar de la noche a la mañana, así que nunca podemos dar por supuesto que nuestro público quiere lo mismo que hace escasos meses. Igual que con una pareja, debemos descubrir y redescubrir a nuestros clientes día a día, nunca dar nada por descontado y, por encima de todo, ser capaces de darles lo que necesitan.

Aun así, aunque logremos tener una mirada precisa y constantemente actualizada de nuestro público, no podemos caer en la tentación de homogeneizarlo. De creer que todo el mundo que nos compra piensa de la misma manera. Esa es una lógica del pasado, y aunque sin duda dio sus resultados, tiene los días contados en un mundo en el que los consumidores exigen que las marcas les ofrezcan experiencias dinámicas y personalizadas basadas en su historial de compras, actividad en la red, comportamientos o interacciones.

Pero ¿cómo hacerlo? ¿Cómo podemos hacer que la experiencia de nuestro cliente se adecue a lo que espera de nosotros? De nuevo, la incertidumbre se postula como nuestra compañera de baile y, también de nuevo, la tecnología puede servirnos de muleta para seguir el ritmo de la música.

Imaginemos una experiencia de compra tan personalizada que nos reciban con recomendaciones de productos a medida nada más entrar en una tienda. No se trata de una escena de una película futurista, sino de la realidad cambiante del panorama de las ventas, a medida que la inteligencia artificial asume el papel que tradicionalmente han ocupado los vendedores humanos. Desde las plataformas de comercio electrónico hasta las tiendas físicas, la perfecta integración de la IA y las habilidades humanas está revolucionando la forma en que las empresas interactúan con los clientes.

Gartner predice que para los próximos años, el 80 % de las interacciones de ventas B2B utilizarán tecnología para impulsar la productividad y mejorar la experiencia del cliente. Herramientas como Sales Copilot de Microsoft y Einstein GPT de Salesforce apuntan a una revolución en la integración de la tecnología en el proceso de ventas. Sin embargo, para sobresalir en las ventas siguen siendo necesarias las conexiones personales significativas y la confianza entre quien consume y quien vende.

Pero a la luz de estos cambios, la concepción del proceso de venta también debe evolucionar. El antiguo modelo de los mejores vendedores, que se limitaban a hacer infinitas llamadas ha quedado obsoleto. Hoy en día, la excelencia en ventas se define por la calidad de las interacciones con el cliente y la capacidad de aportar valor, no por la cantidad de contactos. El futuro de las ventas requiere un enfoque equilibrado, que permita a la próxima generación de equipos comerciales al siguiente nivel.

¿Cuál es la ventaja humana? Establecer vínculos y relaciones de confianza. Porque, aunque la IA puede gestionar mensajes de correo electrónico y llamadas automáticas, carece de la profundidad necesaria para establecer interacciones significativas cara a cara. Una IA no puede visitarnos en casa, darnos un apretón de manos al cerrar el trato, ni regalarnos una mirada tranquilizadora que transmita sinceridad… En esencia, aunque la tecnología puede mejorar el proceso de ventas, la humanidad de dichas relaciones sigue siendo un elemento insustituible. Las personas somos criaturas sociales, conectadas entre sí. La atención genuina, el lenguaje corporal o incluso una broma oportuna pueden influir significativamente en la experiencia de compra. Al fin y al cabo, los humanos podemos percibir sutilezas en el estado de ánimo, comprender necesa y apreciadas de tal manera que la tecnología, tan técnicamente perfecta como fría e impersonal, aún no puede imitar.

Estas capacidades o habilidades blandas a menudo hacen que los clientes sean más propensos a volver, ofreciendo a las empresas algo más valioso que una venta única: una relación a largo plazo. El nivel humano de inteligencia emocional dista mucho del que las máquinas pueden reproducir. La empatía y la comprensión transmitidas a través de una simple sonrisa o un saludo son fundamentales en una relación comercial.

Sin embargo, hay que reconocer que los avances en el procesamiento del lenguaje natural y el reconocimiento emocional están acortando distancias. Los últimos sistemas de inteligencia artificial, a menudo denominados *IA emocional,* ya pueden detectar los sentimientos humanos a través del tono vocal o las expresiones faciales. Esto permite interacciones más matizadas y empáticas. No sustituye totalmente a la conexión humana, pero es un paso importante en esa dirección.

Las empresas más innovadoras en este campo están encontrando formas de combinar la eficiencia de la IA con el calor de las emociones humanas. En entornos en los que se realizan transacciones de gran valor y existen compromisos a largo plazo, como el sector inmobiliario o el comercio minorista de lujo, el toque humano puede marcar la diferencia.

En resumidas cuentas, en un área tan cambiante como la comercial y ventas, equiparar los seres humanos a las máquinas, y viceversa, carece de sentido. En su lugar, el futuro probablemente depare un enfoque colaborativo, en el que la IA se encargue del trabajo pesado del análisis de datos y las interacciones rutinarias con los clientes, liberando a los empleados humanos para que hagan lo que mejor saben hacer: construir relaciones que creen clientes fieles e impulsen el éxito a largo plazo. De hecho, el auge de la IA en las ventas es revolucionario y no supone una amenaza existencial para los equipos comerciales humanos. Es una oportunidad: una herramienta o una muleta que, si se utiliza con prudencia, puede potenciar las habilidades humanas de empatía y conexión. El resultado es una experiencia de ventas más eficiente, personalizada y, en última instancia, más humana.

De la experiencia del cliente al compromiso

Lo queramos o no, cualquier cliente que interactúe con nosotros va a vivir una experiencia. Y hay que recalcar que se trata de *interactuar;* no hace falta *consumir.* Tan solo con tener un contacto con un comercial, con la página web o con un simple post en las redes sociales ya compartirá una experiencia con nosotros. Nuestro objetivo tiene que ser articular todos esos puntos de contacto para que su experiencia sea coherente y no solo se alinee con sus expectativas, sino que las supere. De esta manera, no solo obtendremos potenciales ventas, sino que obtendremos la satisfacción de un cliente, que es mejor que cualquier venta.

Según un estudio de Salesforce, el 80 % de los clientes cree que las experiencias que les ofrece una empresa son tan significativas como sus productos y servicios. En otras palabras, la experiencia de una marca tiene un gran impacto en el proceso de toma de decisiones de los consumidores.

Esto empieza con el primer contacto que tienen con nosotros. E igual que nuestros interlocutores son diversos, nosotros tenemos que mostrarnos de maneras distintas a cada uno de ellos. De la manera que más se acerque a sus necesidades para generar confianza y garantizar que su experiencia se acerque más a la satisfacción y a un eventual compromiso con lo que somos. Algunas de las estrategias que podemos usar y potenciar con la IA se describen a continuación.

Compartamos la visión y la misión de nuestras empresas. Es una muestra de transparencia y autenticidad. La gente aprecia a las empresas que hablan abiertamente de sus valores fundamentales y sus objetivos a largo plazo. Si ven un propósito claro y genuino detrás de una marca, es más probable que confíen en ella y conecten con ella.

Un buen ejemplo es declaración de visión y misión de Google: «Acceder a toda la información del mundo con un solo clic». La visión de Google transmite su compromiso de simplificar el proceso de búsqueda de información. Por su parte, la declaración de objetivos refleja su dedicación a la creación de productos y servicios fáciles de usar que proporcionen a las personas una gran variedad de conocimientos y perspectivas.

Personalicemos las interacciones. Personalizar el recorrido de nuestras marcas facilita que los clientes encuentren productos que se ajusten a sus necesidades. Por ejemplo, un medio de comunicación puede enviar un boletín personalizado por correo electrónico para que los destinatarios lean más. Del mismo modo, un comercio electrónico puede ofrecer recomendaciones de productos personalizadas basadas en la navegación y el historial de compras.

Las interacciones más personalizadas demuestran que comprendemos y nos preocupamos por las necesidades de nuestros clientes, lo que aumenta su fidelidad a lo largo del tiempo. Y lo que es más importante, ayuda a diferenciar nuestras organizaciones de nuestras competidoras. Ejemplos claros los tenemos en empresas como Amazon, Netflix y Spotify, que han creado modelos de negocio basados en recomendaciones hiperpersonalizadas.

Utilicemos redes sociales. Muchos clientes se comunican con las marcas a través de las redes sociales, de modo que se erigen en el punto de encuentro ideal para fomentar las conexiones emocionales. Para aplicar esta estrategia con eficacia, debemos entender las preferencias, intereses y comportamientos en línea de nuestro público objetivo. Utilicemos esta información para adaptar contenidos y mensajes de modo que resuenen en sus mentes.

Por ejemplo, fijémonos en Chanel. Tiene su público objetivo en mujeres adineradas amantes de la moda. En sus publicaciones de Instagram, por ejemplo, aparecen mujeres guapas y elegantes vestidas que personifican la esencia de los productos Chanel.

Más allá de lo obvio, también hay muchas tácticas que puede utilizar para interactuar con los consumidores en redes. Concursos, sorteos o encuestas son algunas opciones.

Seamos oyentes activos. Las empresas que escuchan activamente transmiten un interés genuino por las necesidades de sus clientes. Valoran las opiniones y las voces de sus consumidores. Cuando los clientes se sienten escuchados y comprendidos, confían en la marca. Del mismo modo, también es importante prestar atención a los problemas o quejas. Resolver los conflictos de inmediato demuestra que la empresa se preocupa y ocupa, y eso refuerza su confianza en nosotros.

Desarrollar una voz de marca fuerte. Una voz de marca fuerte ayuda a nuestras empresas a crear una identidad memorable que resuene con su público objetivo. Para ello debemos empezar definiendo la personalidad de nuestras marcas. Determinemos las características, el tono y el lenguaje que mejor las representan. ¿Formal o informal? ¿Simpático o serio? Comprender nuestra personalidad de marca nos servirá de guía para campañas y promociones.

Crear un programa de fidelización de clientes. Crear un programa de fidelización de clientes puede ser una forma muy eficaz de retener a los clientes existentes. Estos planes ofrecen valiosas recompensas a los clientes, y pueden incluir descuentos, productos o servicios gratuitos, acceso a eventos exclusivos, lanzamiento anticipado de productos u ofertas personalizadas. De esta manera, fomentamos el hecho de ser parte de una comunidad, en este caso, de consumidores. Sería útil que definamos también cómo pueden los clientes ganar y canjear las recompensas.

Aprovechar IA para crear marca y comunicar

Sin lugar a duda, este trabajo de comunicación y construcción de marca *(branding),* puede perfeccionarse mediante el uso de herramientas de inteligencia artificial generativa como ChatGPT, Copilot, Gemini, Claude, Midjourney, DALL·E o la «recién nacida» Sora, que parecen estar destinadas a revolucionar la comunicación tal y como la conocemos. Y, en efecto, es probable que el desarrollo de estas herramientas, y de muchas otras que están por llegar, cambie la manera de generar contenido y de interactuar con nuestros potenciales clientes. Pero cabe subrayar que, como cualquier otra herramienta, la IA no está destinada a existir de forma aislada. Debe apoyar a los profesionales de la marca y la comunicación, no sustituirlos. Según una encuesta reciente, al 90 % de los trabajadores del conocimiento les gustaría que la IA se encargara de al menos una de sus tareas en el trabajo, como escribir correos electrónicos, redactar documentos o responder a preguntas de clientes, por lo que está claro que muchos buscan en la IA una mayor eficiencia y productividad.

Antes de que los responsables de marca y comunicación desplieguen estas herramientas, deben comprender los casos de uso de la IA, sus peligros y limitaciones potenciales y la necesidad de un contexto proporcionado por profesionales humanos.

Como estamos viendo, la IA tiene el potencial de convertirse en una poderosa herramienta en todo lo relacionado con identidad de marca y comunicación. Veamos algunos ejemplos.

- *Investigar y simplificar temas complejos.* Los responsables de comunicación tienen muchas veces que desmenuzar temas técnicos y financieros complicados para miembros de los medios de comunicación, empleados… A veces, esto requiere dedicarle muchas horas a investigar y búsqueda de información. Herramientas como ChatGPT pueden acelerar la comprensión resumiendo la investigación, identificando metatendencias y explicando conceptos técnicos con neutralidad. Esto resulta especialmente útil antes de colaborar con los equipos de producto en creatividades o narrativas de campaña, por ejemplo, ya que podemos obtener de antemano una comprensión más amplia de los impulsores del mercado y podemos hacer preguntas contextuales para desarrollar diferenciadores más sólidos.
- *Lluvia de ideas.* La IA también puede ayudar a los responsables de marca y comunicación en la planificación de eventos y cam-

pañas, ya que se basan en el contenido creado para sugerir temas generales dentro de los parámetros propuestos. No se trata de depender de la IA, sino de inspirarnos para aportar nuevas ideas en cada acción.

- *Generar vídeos e imágenes propias y únicas.* El *marketing* tiene un problema de imagen, es decir, las fotografías y vídeos de banco proliferan en los materiales de mercadotecnia corporativa. Afortunadamente, las nuevas herramientas de IA como Midjourney, DALL·E y Sora ofrecen a los profesionales la oportunidad de romper este patrón y dejar de utilizar en exceso imágenes de archivos. Estos modelos de aprendizaje profundo generan imágenes digitales a partir de descripciones en lenguaje natural o *prompts.* ¿Quieres una imagen de un gato vestido como un aguacate sobre un monopatín al estilo renacentista? ¿O una imagen fotorrealista de una familia bajo un cielo tormentoso, todos vestidos con los colores de tu marca? Pídeselo a un bot. Estas herramientas pueden crear y editar cualquier imagen que puedas imaginar en cualquier estilo que elijas.

Pero es importante recordar que ninguna tecnología es perfecta, y que aún estamos en los primeros tiempos de acceso generalizado a chatbots y herramientas similares. ¡Debemos aportar nosotros el contexto y el criterio!

En ese sentido, hay que remarcar que el sesgo inherente es, con razón, una de las deficiencias más comentadas de las herramientas de IA, y depende de las personas evitar que estas herramientas inyecten ese sesgo en los materiales de *marketing* y publicidad. Por ejemplo, es posible que la tecnología no genere imágenes que incluyan a personas diversas a menos que el usuario se lo pida específicamente. Los responsables deben tener en cuenta la necesidad de un enfoque inclusivo y abierto al despliegue de estas nuevas tecnologías.

Aun así, podemos hacer de la falta virtud, y aprovechar la IA, precisamente, para detectar posibles sesgos en nuestro contenido. Porque quizá las IA puedan tener algunos sesgos si no les indicamos los parámetros necesarios. Pero pueden ser una gran aliada si les pedimos, de manera explícita, que subrayen las partes de nuestro texto que no sean inclusivas, que contengan sesgos de género o que no sean entendibles en todo el mundo.

En definitiva, hay que aprovechar las herramientas de IA, pero, a la vez, también hay que controlarlas. Los responsables de marca y comunicación deben evitar que estas tecnologías traigan de vuelta la hipérbole y la falta de autenticidad que caracterizaron gran parte del lenguaje de *marketing* y publicidad de los últimos años. Los responsables de marca y comunicación deben proporcionar el contexto adecuado para evitar el uso excesivo de jerga y garantizar que las herramientas de inteligencia artificial generativa no se utilicen para producir contenido promocional repetitivo y sin sentido.

Cómo utilizar la IA para mejorar el compromiso e interacción de los clientes

En la era del «más con menos», las marcas se enfrentan a presiones cada vez mayores para impulsar el crecimiento con recursos limitados. Aunque el compromiso del cliente es el camino más claro hacia el crecimiento, las expectativas siempre cambiantes de los consumidores hacen que sea extremadamente difícil mantener el ritmo. El aumento de los datos, los canales y las demandas agrava estos retos.

Ante estas crecientes presiones, las marcas han empezado a centrar su atención en la inteligencia artificial como solución. Las estrategias basadas en la IA prometen conocimientos más profundos y mejores conexiones con las personas de maneras más significativas. Sin embargo, al apresurarse a adoptar la IA, los responsables de las marcas se enfrentan ahora a una «sobrecarga de IA»: un flujo interminable de herramientas que provoca dilemas a la hora de identificar las soluciones más impactantes.

Veamos, de nuevo en algún caso, cómo los responsables de *marketing* pueden evitar esta sobrecarga de IA y aprovechar estratégicamente esta tecnología para impulsar un compromiso más profundo con el cliente y alcanzar los objetivos de crecimiento.

Análisis exhaustivo de datos. Como ya hemos visto anteriormente, la cantidad de datos de clientes a disposición de las marcas está explotando. Pero dar sentido a la analítica web, los comportamientos dentro de las aplicaciones, las compras y las preferencias abruma a los equipos. La IA ofrece el siguiente paso evolutivo en el análisis de datos de clientes con la capacidad de digerir conjuntos de datos ilimitados que ningún humano podría jamás. Analiza la información, ejecuta un sinfín de pruebas en tiempo real y predice resultados, todo ello mientras optimiza continuamente en segundo plano. Esto libera a los equipos humanos del análisis manual para que se centren en la creatividad y las conexiones con los clientes.

Personalización contextual. Pensemos en nuestra mejor experiencia de cliente o, lo que es lo mismo, cómo una marca parece comprendernos y atendernos realmente. El compromiso personalizado es la magia detrás de esta experiencia. Es impactante e importante. No solo para mejorar la experiencia del cliente, sino también para mejorar el crecimiento de la empresa. Las empresas que crecen más rápido obtienen un 40 % más de ingresos de la personalización, según la consultora McKinsey. Pero adaptar la interacción entre canales y clientes es enormemente difícil. Los sistemas de IA pueden, como hemos visto anteriormente, tomar información individual de cada cliente y orquestar una personalización multicanal relevante a escala. El resultado es una experiencia personalizada y proactiva para cada cliente.

Automatización de procesos. No hay duda de que la automatización tiene un enorme potencial para mejorar enormemente la eficiencia. De hecho, Gartner predice que las marcas que aprovechan la IA para el compromiso multicanal elevarán la eficiencia operativa en un 25 % en los próximos años, un alivio bienvenido para las marcas que ya están al límite. Sobresale en tareas repetitivas de gran volumen, como la limpieza de datos, la combinación de informes y el seguimiento de campañas. Cuando los líderes aplican cuidadosamente la automatización de la IA a sus procesos internos, pueden centrar su talento humano en iniciativas de alto impacto.

Predecir las necesidades de los clientes. El poder predictivo de la IA permite a las marcas adelantarse a las necesidades de los clientes mediante el análisis de comportamientos, interacciones y preferencias. Identifica cambios sutiles que el análisis humano por sí solo podría pasar por alto, como el riesgo de pérdida de clientes, problemas de servicio, oportunidades de venta o momentos óptimos para el compromiso. Esta información nos permite interactuar contextualmente en los momentos adecuados. Pero esto va por fases. Identificar las necesidades de los clientes mediante la predicción es solo el primer paso.

Capacidades predictivas de la IA. Permiten a las marcas prever tendencias, comportamientos y resultados, dando una nueva forma a todos los sectores. Por ejemplo, los gigantes del comercio electrónico aprovechan las recomendaciones de productos basadas en la IA para mejorar la experiencia del usuario, aumentando la participación del cliente y las ventas. Las instituciones financieras emplean el análisis predictivo para detectar el fraude de forma proactiva, salvaguardando los activos y la confianza de los consumidores. Las empresas de medios de comunicación ajustan las recomendaciones de contenidos mediante IA, aumentando la satisfacción y la retención de los espectadores.

Cuadro 6.2
Potencialidades de la IA en el *marketing* empresarial

- **Objetivos estratégicos**
  Establecer objetivos claros de IA para experiencias personalizadas y un mayor impacto.

- **Conocimiento de los datos**
  Recopilar datos completos de los clientes de diversas fuentes para el análisis de IA.

- **Integración inteligente**
  Integrar sin errores la IA en las plataformas y herramientas existentes para poder obtener información procesable.

- **Dominio de la segmentación**
  Utilizar la capacidad de segmentación que nos ofrece la IA para adaptar las interacciones a los distintos grupos de clientes.

- **Comprensión del comportamiento**
  Descifrar los comportamientos de los clientes con la analítica de IA para estrategias informadas.

Cada dato recopilado debe tener una finalidad empresarial clara para mejorar la experiencia del cliente. Con la IA, la confianza es la moneda de cambio definitiva, y las consideraciones éticas son la clave de su éxito.

En el cuadro 6.2 se muestran algunos pasos para que los profesionales del *marketing* saquen todo el potencial de la IA, y les ayude

- **Precisión predictiva**
  Aprovechar las predicciones de IA para ofrecer recomendaciones personalizadas.

- **Adaptación de contenidos**
  Utilizar la IA generativa para la creación de contenidos dinámicos, como descripciones de productos, pequeños artículos adaptados a SEO, creatividades únicas, pequeñas píldoras de vídeo adaptas a nuestras necesidades.

- **Pruebas**
  Utilizar la IA para las pruebas A/B y optimización de las campañas con rapidez.

- **Excelencia en el chat**
  Mejorar el compromiso del cliente con chatbots impulsados por IA generativa para obtener asistencia en tiempo real.

- **Perfeccionamiento iterativo**
  Mejorar los modelos de IA basándose en los comentarios y opiniones de los clientes.

a magnificar la personalización, aumentar el impacto empresarial y enriquecer las experiencias de los clientes.

El dominio de los pasos descritos en el cuadro 6.2 permite una interacción con el cliente mejorada por la IA con una personalización impactante y experiencia de cliente enriquecidas. Es una gran oportunidad y un primer paso hacia un futuro prometedor para las marcas. A medida que se acelera la adopción de la IA, estas tienen la oportunidad de dar forma a su estrategia con un enfoque ético, optimista y centrado en el ser humano. Es el momento de ser *customer centric*... pero de verdad, que el cliente sea el centro de tus operaciones comerciales.

Los conocimientos de la IA pueden fomentar interacciones y experiencias significativas. Con intención y cuidado, podemos desbloquear colectivamente el potencial de la IA para comprender a los consumidores, forjar conexiones duraderas e impulsar el crecimiento sostenible. Guiadas por un enfoque humano, las marcas pueden utilizar la IA para forjar conexiones más profundas con las personas consumidoras en el futuro.

Conclusión

La inteligencia artificial y el pensamiento estratégico son herramientas poderosas que pueden ayudar a las empresas a navegar en un mundo en constante cambio. La IA puede proporcionar información valiosa y ayudar a automatizar procesos, pero no puede reemplazar completamente el pensamiento crítico y la toma de decisiones humanas. El pensamiento estratégico sigue siendo esencial para el éxito empresarial, y las empresas deben encontrar un equilibrio entre el uso de la tecnología y el pensamiento humano para tomar decisiones informadas y planificar el futuro.

Estamos hablando de una tecnología que también puede ayudar a las empresas a comprender mejor a sus clientes y mejorar la interacción con ellos. Sin embargo, es importante recordar que la IA no puede reemplazar la conexión humana y la empatía. Las empresas deben encontrar un equilibrio entre el uso de la tecnología y la interacción humana para crear experiencias de cliente significativas y duraderas.

En última instancia, el éxito empresarial depende de la capacidad de adaptarse y evolucionar en un mundo en constante cambio. La IA y el pensamiento estratégico son herramientas valiosas que pueden ayudar a las empresas a navegar en este mundo incierto, pero deben utilizarse en conjunto con el pensamiento crítico y la toma de decisiones humanas para lograr el éxito a largo plazo y permitir a las personas, ser lo que son: humanos.

7 Aplicaciones de IA en la gestión del comercio internacional

Cristina Peña Andrés
Docente especializada en comercio internacional y cadena de suministro. CEO de TuComex

Alberto Tundidor Díaz
Consultor en el campo de la internacionalización y la digitalización. CTO de TuComex

Las tecnologías digitales, en especial el uso de datos a gran escala y las aplicaciones basadas en la inteligencia artificial (IA), contribuyen a agilizar la gestión de las operaciones de compraventa internacional. Sus aportaciones abaratan los costos, sin mermar en el aprovechamiento de oportunidades, y pueden aplicarse desde las fases iniciales de una operación, pasando por el cierre de la negociación, hasta la entrega de las mercancías a la parte compradora.

En este capítulo vamos a exponer cuáles son las herramientas disponibles para localizar socios comerciales en países distintos al nuestro, negociar a pesar de la distancia y cómo han de ser los sistemas digitales de apoyo a gestión de la cadena de suministro internacional.

Además, vamos a ver cuáles son los términos en los que se debe comunicar una empresa exportadora o importadora y cuáles son las buenas prácticas comerciales que no deben olvidarse nunca.

Sistemas digitales de apoyo la gestión del comercio internacional

En la gestión del comercio internacional es necesaria la administración y el procesamiento de datos e informaciones que se van recopilando durante diferentes fases de las operaciones de compraventa. Para ello, es sumamente conveniente la centralización de los datos en un sistema de gestión que los integre progresivamente.

En cada etapa de la internacionalización, la información que se va adquiriendo al acceder a distintos mercados exteriores, a nuevos socios comerciales, y a nuevas referencias de producto, debe ser compilada de modo que los datos puedan agruparse y procesarse de manera automatizada. El objetivo es llegar a conseguir informaciones relevantes, que ayuden a trabajar de modo eficiente y a tomar decisiones sustentadas en factores objetivos.

Según se avance en la apertura de nuevos mercados, se prospectará y se trabajará en cotizaciones y ofertas, se emplearán nuevas fórmulas de pago adaptadas a los distintos países, y esto conllevará revisar aspectos como la facturación y el cobro de los envíos de materiales o servicios. Por otro lado, el propio envío de los materiales lleva asociado la gestión de documentos específicos, que pueden ser diferentes según las aduanas de los países intervinientes. Y esta documentación debe archivarse y custodiarse como prueba fehaciente de la salida del territorio aduanero o del pago de tasas, o para certificar una entrega según sea la regla Incoterms acordada y el medio de transporte internacional seleccionado, por ejemplo.

Para la gestión de todo ello existen herramientas y aplicaciones en línea en la nube, tanto de uso gratuito como de pago –a precios generalmente asequibles–. Estas últimas se comercializan bajo contrato de licencia por uso o suscripción, y nos permiten agrupar y gestionar grandes volúmenes de datos que aporten recursos valiosos para la empresa, para su inteligencia de negocio y su proyección global.

Estas tecnologías digitales son necesarias tanto si la empresa está en fase de identificación de mercados, y debe tomar decisiones estratégicas sobre qué país es más interesante, o si está en fase de prospección y promoción buscando prospectos, definiendo al cliente ideal o adaptando su producto a la demanda del país de destino. Y son igualmente esenciales si ya se realizan ventas internacionales y se necesita optimizar los canales de venta y conseguir una gestión integral de todos los agentes involucrados en las operaciones.

Sea cual sea el tamaño de la empresa, utilizar sistemas que trabajen en la nube *(cloud computing)* permite el almacenamiento de datos en servidores virtuales. Esta es una herramienta que optimiza las posibilidades de conectividad, en un entorno multiusuario. El acceso a la información puede ser desde cualquier ubicación o dispositivo y, además, en tiempo real.

Además de las herramientas que más comúnmente se utilizan en cualquier tipo de actividad empresarial (véase el cuadro 7.1), todas ellas basadas en la IA, vamos a señalar unas soluciones también estandarizadas que son sumamente adecuadas en la gestión del comercio internacional:

- **Business Intelligence (BI).** Se trata de un conjunto de metodologías y aplicaciones TIC que permiten reunir, depurar y transformar datos e informaciones obtenidas de diversas fuentes internas en información estructurada.

- **Cuadros de mando integrales (CMI).** Es una herramienta cuyo *software* permite administrar indicadores clave de los diferentes departamentos de la empresa (existencias, inmovilizado, ingresos, gastos, etc.) y los activos intangibles (relaciones con los clientes, habilidades y motivaciones del personal, etc.) como fuente principal de ventaja competitiva.

Cuadro 7.1
Herramientas comunes basadas en IA

- Buscadores de internet.
- Buscadores de palabras clave para optimizar los motores de búsqueda o SEO (siglas de *search engine optimization*).
- Herramientas para correos electrónicos que incluyan acciones de *marketing*.
- Herramientas para la creación de contenidos para webs o blogs.
- Herramientas analíticas de webs y blogs.
- Herramientas de *marketing* en medios sociales, con foco en microblogueo (Facebook, Linkedin, Twitter/X, Telegram,...) o en contenido audiovisual (Instagram, Snapchat, Youtube,...).
- Herramientas métricas nativas de medios sociales. ▪

- **Planificación de recursos empresariales o ERP** (siglas de *enterprise resource planning).* Es un programa de gestión empresarial integrada, que comprende módulos interconectados que parten de una única base de datos. Existen numerosas soluciones ERP en el mercado, estandarizadas o desarrolladas a medida, que pueden complementarse con soluciones específicas para las necesidades de cada empresa. Un ERP puede integrarse con cualquier sistema de gestión de la cadena de suministro, como pueda ser un sistema de gestión de almacén (SGA) o un sistema de gestión del transporte (TMS).

- **Gestión de relaciones con el cliente o CRM** (siglas de *customer relationship management).* Se trata de una solución tecnológica que permite a las empresas gestionar de manera eficiente la relación con sus clientes, así como recopilar y procesar la información que se genera en ese proceso. En la prospección de nuevos mercados contribuye a la identificación de los clientes con los que se pretende establecer relaciones comerciales, la atención al cliente tanto en la venta como en la posventa, el *email marketing,* y el seguimiento de interacciones con prospectos y clientes, entre otras.

Investigación en línea de mercados internacionales

En la planificación estratégica del comercio internacional, las distancias ya no son un problema. Cuando se trata de iniciar un proceso de internacionalización o de analizar la posible entrada en el mercado de un país específico, existen fuentes de información y herramientas de discriminación, segmentación y toma de decisiones soportadas por IA que nos permiten una investigación en línea de mercados internacionales fácil, económica y eficiente.

Esta investigación se puede llevar a cabo a través de distintas fuentes de información, como son:

- **Estadísticas,** accesibles a través de las webs oficiales de los organismos de promoción del comercio internacional de cada país.

- **Empresas participantes en ferias internacionales** o eventos congresuales, que pueden extraerse de las webs de cada entidad organizadora. Habitualmente, esta prepara un resumen de valor de cada edición, donde se muestran las empresas expositoras, destacando a las que hayan presentado productos novedosos o participado en actividades relevantes en el marco de la feria.

- **Actividad en redes sociales o en medios de comunicación sectoriales,** que se hacen eco de las noticias y acontecimientos en un determinado país.

- **Guías país,** con informes detallados de los datos más relevantes de un país en relación con la economía, sus sectores productivos, su comercio exterior, la demografía, su sistema político o su clima, entre otros muchos temas.

- **Estudios de mercado sobre un determinado sector,** con informaciones sobre sus principales empresas o agentes y sus competidoras según los países, qué precios de mercado tienen los principales productos, y cuáles son las variedades o *mix* de producto que más se comercializan, así como las tendencias que deban tenerse en cuenta.

- **Informes sectoriales sobre una actividad específica** en uno o varios territorios. Pueden indicar las barreras y obstáculos para introducirse en ese sector en un determinado mercado, así como sus normativas y las certificaciones necesarias. También pueden describir las principales ferias internacionales de dicho sector.

- **Cibermercados o *marketplaces,*** donde se muestran productos y datos de contacto para una futura comercialización, o bien donde se comercializan productos de manera directa, con herramientas de búsqueda para localizar productos o empresas.

- **Redes sociales** dotadas de herramientas basadas en la IA que permiten efectuar búsquedas muy afinadas de empresas y profesionales que reúnan características que los definan como más propicios para los objetivos marcados. Una herramienta avanzada de este tipo seleccionará las opciones que considere más aptas, las clasificará y automatizará el envío de mensajes de invitación y comunicaciones posteriores, con el fin de establecer una conversación personalizada con esos perfiles de interés.

Por otro lado, uno de los ámbitos en los que la IA está facilitando más la labor de los profesionales del comercio internacional, es en la búsqueda general de información. Los principales buscadores de internet disponen de motores de búsqueda que funcionan a través de módulos de chat. Cuando la persona usuaria solicita una información, el sistema responde con un texto redactado con lenguaje natural, en el que resume la información más destacada que ha encontrado en la red. Si se requiere, indicará las fuentes de las que ha extraído la información que se muestra como resultado de la búsqueda.

Otra de las aplicaciones ventajosas de las herramientas basadas en la IA, con el objetivo de ahorrar tiempo en el trabajo diario, es la de poder resumir textos de gran longitud en apenas unos segundos. Los documentos de extensión significativa, como los informes sectoriales, los estudios de mercado u otros, pueden ser introducidos en su formato original para generar un resumen de la información más relevante que contienen. Con ello, una parte importante del trabajo de análisis de información de los mercados se puede realizar de una manera mucho más ágil.

Las herramientas basadas en IA también pueden ayudar al profesional del comercio internacional, particularmente en el área comercial o de comunicación, a elegir titulares adecuados para sus publicaciones en redes sociales, o a desarrollar resúmenes más atractivos para su público objetivo.

Comercialización en línea con IA

Las tecnologías digitales son unas potentes aliadas para impulsar la comercialización en línea de nuestros productos. Una vez se ha identificado un público objetivo, estas tecnologías permiten realizar con suma facilidad operaciones como la presentación de la empresa, el envío del portafolio, organizar la agenda de contactos, remitir cotizaciones y realizar procesos de negociación y venta a través de correos electrónicos o videoconferencias.

- **Presentación de la empresa.** Es uno de los pasos que puede condicionar en mayor medida el éxito de una operación de compraventa. En el cuadro 7.2 señalamos los aspectos clave que deben tenerse en cuenta en una videoconferencia.

- **Envío del portafolio de productos y servicios,** que puede agilizarse mediante enlaces a apartados específicos de nuestra web.

- **Organizar una agenda de contactos** de manera automatizada, de modo que podamos programar conferencias telefónicas o reuniones virtuales, y que el enlace a las cuales se comparta con las personas que deban acudir al encuentro.

**Cuadro 7.2
Videoconferencias: buenas prácticas**

- **Mostrar seguridad**
  - Conviene disponer de apuntes en papel o pantallas con información que sirvan de apoyo para exponer los argumentos.
  - Vestimenta y aspecto físico adecuados para empatizar con los interlocutores.
  - Disminuir el timbre y vocalizar bien, en especial si se habla en otro idioma.
  - Ubicarse en la zona central de la pantalla, y mantener la espalda recta y la cabeza alta, mirando a la cámara.

- **Conseguir sintonía, el *rapport*,** con los interlocutores con base en la confianza y cooperación mutua. Empatizar a través del lenguaje y de la imagen, mostrando interés por la otra persona, a través de la mirada y la atención, facilita una comunicación madura abierta y fluida.

- **Exteriorizar asertividad,** empleando las palabras adecuadas, en el momento correcto y de forma precisa. Si es necesario, podemos utilizar un traductor en línea para aportar fluidez en la comunicación.

- **Realizar preguntas impertinentes,** que estimulen la conversación y el compromiso de la otra parte, aclarando informaciones, evitando malentendidos y abriendo soluciones para avanzar en la conversación.

- **Cotizaciones y procesos de negociación y venta** que se pueden agilizar mediante programas que permiten crear una tienda en línea en la que para cada producto figura el precio que corresponde a un cliente concreto o a un perfil de cliente. Además, se pueden generar campañas con ofertas o descuentos con una validez determinada, y utilizar arias de cliente para personalizar las ofertas y generar su fidelización.

Una tienda en línea debe incorporar también una gestión de existencias, de manera que se descuenten del inventario los productos reservados o consumidos y se realicen de manera automatizada los pedidos de reabastecimiento en base a la programación que se ha realizado de pedido óptimo, lote de pedido o *stock* de seguridad, por ejemplo.

Adicionalmente, la tienda en línea permite facturar desde el propio sistema y cobrar a través de plataformas de pago seguras.

Cada organización debe analizar qué proceso o parte de él debe ser automatizado, reservando la intervención de los equipos de ventas aquello que aporte valor real a cada operación. Por ejemplo, ofertando a través de correos electrónicos, pero realizando videoconferencias selectivas para reunirse con el cliente y negociar condiciones comerciales, precios y entregas.

Qué automatizar y qué no, es hoy una decisión que debe estar alineada con la estrategia de la empresa, y con su proceso de adaptación a las tecnologías digitales.

La comunicación electrónica

En el marco de relaciones que requiere el comercio exterior, las tecnologías digitales agilizan la comunicación y las formas de llegar a los clientes. En su conjunto, estas tecnologías permiten comunicar personas en tiempo real, independientemente de su ubicación.

A su vez, la conectividad con sistemas automatizados, permite a los equipos de trabajo centrarse en atender las actividades o incidencias que requieren una atención personalizada.

Existen múltiples herramientas de comunicación electrónica que contribuyen a desarrollar una cultura empresarial colaborativa, con espacios virtuales articulados como foros de intercambio de ideas y experiencias que ayudan a posicionarse en mercados exteriores. De entre esas herramientas, podemos destacar:

- **Blogs** con mensajes para reforzar la imagen de marca y ser referentes mediante informaciones relevantes a nivel divulgativo, informativo y formativo.
- **Foros** de encuentro sectorial para la presentación de novedades y tendencias, y el intercambio de conocimientos.
- **Redes sociales** para crear comunidades alrededor de las empresas.
- **Webinars en línea** o grabados, como vehículos de conocimiento práctico de la mano de expertos en áreas específicas.
- **Jornadas presenciales** retransmitidas en directo *(streaming)*, que aportan la cercanía de una sesión bis a bis, y las grabaciones pueden quedar alojadas para posteriores visualizaciones.
- **Videoconferencias,** que son una de las herramientas básicas de comunicación con clientes y proveedores, y entre los equipos de trabajo que operan a escala internacional.

Por otro lado, existen aplicaciones basadas en la IA que facilitan la gestión de las necesidades de comunicación de las empresas. Se trata de aplicaciones que tanto pueden resolver una necesidad puntual como integrarse en sus estrategias comerciales y de *marketing.* Las más usuales se refieren a:

- **Los chatbots,** programas informáticos que mediante procesamiento del lenguaje natural (PLN), pueden comprender las preguntas de nuestros clientes y automatizar las respuestas a dichas preguntas, simulando conversaciones humanas.

  La utilización de chatbots se ha generalizado. Basados en modelos de lenguaje a partir de aprendizaje automático, utilizan sistemas de chat que analizan la entrada de texto y contestan mediante la creación de un texto que dé respuesta coherente a una pregunta. Con ellos se pueden crear textos que pueden ser de gran ayuda para redactar correos electrónicos, textos para redes sociales, boletines, blogs o webs corporativas, por ejemplo. La redacción de estos textos puede presentarse con un tono diferente según la audiencia a la que se dirija o el objetivo que se indique con la comunicación. Cada profesional puede entrenar al chatbot que utilice conforme a sus preferencias en cuanto a léxico o forma de redactar tras un tiempo de uso.

- **Generación de imágenes digitales** mediante programas de IA para generar imágenes a partir de descripciones textuales precisas, libres de derechos de autoría.

- **Presentaciones gráficas** creadas a partir de plantillas inteligentes, que dan forma a las ideas preconcebidas.

- **Traducción en línea** mediante herramientas multiplataforma que permiten traducir textos, documentos e incluso webs completas. Entre sus funcionalidades podemos utilizar las siguientes:

  - Traducir con la cámara del teléfono. Simplemente apuntando con ella al texto que se desea traducir, aparece al instante el texto traducido sobre la pantalla. Es muy útil cuando se nece-

sita entender la cartelería de un aeropuerto o de una feria comercial, o al ir a firmar un documento en su versión original, aunque nos faciliten la traducción al lado en inglés.
- Traducir sin conexión a internet.
- Mantener conversaciones en directo con personas que hablan un idioma que no conocemos, o si hay algún mensaje que no acabamos de entender.
- Traducir textos hablados simultáneamente.
- Traducir entradas de información tanto por medio del teclado como habladas, e incluso escritas a mano.

A todo esto, hay que añadir que los sistemas informáticos más tradicionales y conocidos en las empresas incluyen funciones basadas en la IA. De esta manera, no es necesario dejar de utilizar las herramientas habituales para beneficiarse de funcionalidades para mejorar la productividad en cualquier tarea: escribir más rápido, revisar los textos, resumir información, generar presentaciones, analizar datos… O incluso crear informes y cuadros de mando, muy útiles a la hora de tomar decisiones de negocio internacional.

Buenas prácticas comerciales en la red

Las tecnologías digitales han transformado la forma de comunicarnos, particularmente a causa de la democratización del uso de internet y el acceso a una conectividad que parece no tener límites.

Con todo, las herramientas tecnológicas no nos deben hacer olvidar cómo se debe comportar el profesional del comercio internacional mientras trabaja con ellas y se relaciona con personas de diferentes culturas. Por ello, es importante tener siempre presente los términos en los que se debe comunicar un exportador o importador en la red.

Qué es la netiqueta

La netiqueta o *netiquette* se refiere al conjunto de esas buenas prácticas de comunicación en la red, es decir, a aquellas normas de conducta socialmente aceptadas en internet. es importante conocer los términos en los que se debe comunicar un exportador o importador en la red.

La definición de netiqueta comprende las normas de presentación y de comportamiento, así como formas de expresión comúnmente aceptadas. El cuadro 7.3 reúne algunas de estas normas de comunicación. La utilización de estas buenas prácticas es especialmente importante en las videoconferencias y cuando se utilizan aplicaciones tecnológicas que permiten la generación de plantillas de texto que van a ser utilizadas de manera recurrente. Conocer y habituarse a estos términos permite disponer de fórmulas de cortesía validadas por cualquier cultura dentro de los estándares profesionales.

Sistemas de gestión integral de comercio internacional

Un sistema integral de gestión para el comercio internacional es una herramienta que sirve para centralizar y gestionar todos los procesos involucrados en las operaciones internacionales de la empresa. Su funcionamiento debe optimizar la entrada de datos, la seguridad en su almacenamiento, y el procesamiento de los mismos. Y garantizar el acceso a los mismos desde cualquier dispositivo y país del mundo, en base a un protocolo de autorizaciones y permisos, que solo permitan el acceso a determinados datos según país, centro de negocio, persona o nivel de responsabilidad dentro de la compañía.

Un sistema de estas características debe ser escalable en su complejidad y en su dimensión, según se asuman nuevas funciones o se adhieran nuevos centros de trabajo, además de ser lo suficientemente flexible para abordar las distintas casuísticas entre los diferentes países y mercados. Esto puede referirse tanto a aspectos normativos y legislativos, como desde una faceta más intercultural, que puede considerarse desde la delegación de autoridad, la organización de los equipos de trabajo, los sistemas de comisiones, o del tipo de canales de ventas y las características de la cadena logística, entre otros.

**Cuadro 7.3
Cómo comunicarse en la red**

- Utilizar fórmulas de cortesía en todas las comunicaciones, sean por videoconferencia o mediante textos escritos.
- En las videoconferencias es importante tener presente la naturaleza de los participantes, señalando quiénes son, sus nombres, cargos, etc., y cuál es su rol para estar en comunicación con nuestra empresa.
- Tratar a cada persona como si la relación pudiera ser de largo recorrido.
- Nunca emplear imperativos ni entrar en discusiones personales.
- Los escritos son permanentes. No se debe escribir nada que pueda comprometernos negativamente en el futuro.
- Tener en cuenta la legislación sobre derechos de autoría, protección de datos... Si se emplea un texto, una cita o una imagen, debe estar libre de derechos y, en cualquier caso, se debe siempre nombrar la fuente o aludir a su existencia, no confundiéndolo con lo que es de autoría propia.

Este sistema, aunque parte de un *software* genérico, debe personalizarse para cada empresa y adaptarse a sus necesidades.

Normalmente, estos sistemas se componen de diferentes módulos por actividad, y cada empresa contrata y desarrolla aquellos que le son de interés. Por ejemplo, una empresa podría contratar simplemente un módulo para sus departamentos de compras, ventas y almacén, o incluir módulos más sofisticados como el de fabricación, planificación de la demanda, o el de planificación de ventas y operaciones o S&OP (siglas de *sales and operations planning*).

Para utilizar este sistema digital, es necesario introducir datos operacionales de la empresa, que deben ser tan homogéneos como sea posible, independientemente de quién los introduzca y desde el país donde se realice la operación.

Los datos a introducir serán aquellos que identifiquen a los clientes y proveedores, así como todo el inventario de artículos y materiales, que se compondrá tanto de productos elaborados, semielaborados, como de materias primas y componentes. A todo ello se le puede asociar los pedidos y facturas, con los precios de compra y de venta, las unidades en *stock,* sus dimensiones y pesos, su escandallo, y la documentación relativa al producto, como su ficha técnica o datos aduaneros, su partida arancelaria, entre muchos otros.

El conjunto de datos se organiza y gestiona de manera que sea fácilmente accesible por los usuarios autorizados, pero en especial para que puedan elaborarse informes que transformen los datos en información de valor para una toma de decisiones en cualquier momento.

Por ejemplo, podría solicitarse un informe que nos presente el valor del inventario a precio de la última compra realizada, o la suma de todos los pedidos hechos por un cliente, o la suma de todas las compras a un determinado proveedor en un intervalo de tiempo.

Para estos reportes, así como para los cálculos y sumatorios detrás de las solicitudes de información, se requiere que los procesos dentro

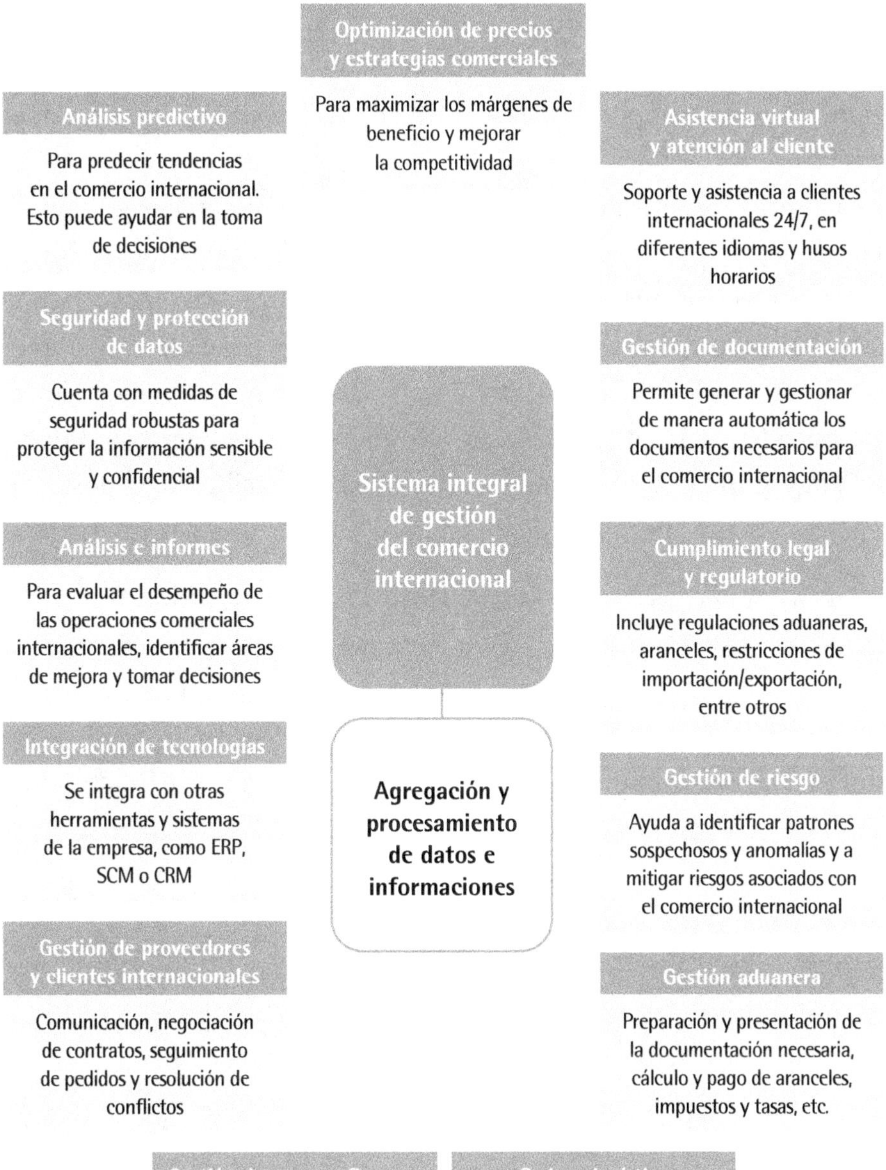

Fuente: David Soler, 2024.

Figura 7.1. Sistema integral de gestión del comercio internacional apoyado en IA.

del sistema sean automatizados, utilizando herramientas de la IA que ayudan a evitar errores, minorar la carga de trabajo de las personas, minimizar los tiempos de procesamiento y aumentar la eficiencia operativa.

Las principales características que un sistema integral de gestión de comercio internacional puede llegar a incluir, apoyado en herramientas de IA son las que se reúnen en la figura 7.1.

Obviamente, los requerimientos y el costo de incluir estas características en el sistema integrado de gestión van a depender de las necesidades de la empresa, de su cultura empresarial, así como de su avidez por incorporar tecnologías digitales, que facilitarán el posterior análisis de datos por parte de los equipos de dirección de la compañía.

8
La regulación legal de la IA en la cadena de suministro

Blas Rivas Alejandro
Abogado y presidente de IURISGAL

En este capítulo final nos acercaremos a la magnitud que tendrá la IA en la cadena de suministro, partiendo las líneas que la regulación ya ha empezado a dibujar. La reflexión jurídica permite no tanto estimar las posibilidades de la IA para impulsar la cadena de suministro, sino prever cuáles serán los límites que se le apliquen.

Como hemos visto a lo largo del libro, la IA tiene la capacidad de disrumpir completamente la cadena de suministro, al igual que afectar de manera profunda a otros sectores como la industria jurídica.[1]

---

[1] Tres IA que podrían alterar significativamente la práctica jurídica en los próximos años son: sistemas de análisis de documentos (como Ross Intelligence), herramientas de generación de documentos (como Contract Express) y sistemas de asesoramiento jurídico instantáneo (como Casetext). Incluso la IA llamada Autopilot, de la británica Luminance, ha negociado un contrato sin involucrar a ningún humano.

Incluso aunque no lo haga, previsiblemente tendrá un gran impacto en algunos de sus eslabones. Y esto no ha hecho más que empezar.[2]

Recapitulación: ¿hacia dónde vamos? ¿Qué mundo nos espera?

Aparte de usos de la IA más evidentes como la predicción de la demanda, están surgiendo innovaciones en otros campos que también alterarán el *statu quo* de la cadena de suministro. Si un coche autónomo de reparto daña el paquete en el transporte, ¿quién debe indemnizar por los daños y a quién? Si una IA que fija los precios de los productos aplica precios discriminatorios para las mujeres frente a los hombres, ¿qué ocurre? Al fin y al cabo, ¿la IA artificial es una herramienta tecnológica o es algo más que eso? En el fondo, las respuestas jurídicas a estas preguntas ayudarán a solventar la cuestión fundamental: ¿cómo se regulará la IA en la cadena de suministro?

Aunque la regulación existente es incierta en lo que respecta a las normativas específicas de la IA, en general cualquier persona debe tratar de entender cómo funcionan los distintos sistemas de IA. En particular, el experto jurídico debe analizar si la IA realmente utiliza un modelo de aprendizaje continuo o árboles de decisión estáticos, la recopilación de datos, el proceso de entrenamiento o la posible influencia humana en las decisiones de la IA. Solo así seremos capaces de empezar a crear un marco de evaluación de la IA que nos permita comprender cómo nos podemos empezar a proteger de los riesgos legales para poder maximizar sus beneficios.

---

[2] Verified Market Research estima el tamaño del mercado global de la IA en la cadena de suministro en más de \$3.000 millones en 2022, con una previsión de crecer hasta más de \$67.000 millones para 2030.

Para intentar anticiparnos al futuro, nos apoyaremos en lo que ha ocurrido y está ocurriendo. Empezaremos evaluando desde el punto de vista jurídico los puntos potencialmente conflictivos de la IA en la cadena de suministro. Continuaremos observando cómo están respondiendo a estas cuestiones las diferentes jurisdicciones. Por último, abordaremos la cuestión central sobre la regulación futura de la IA en la cadena de suministro.

La mirada jurídica: la necesidad de regular una cadena de suministro participada por la IA

Históricamente, la cadena de suministro ha presentado multitud de retos a nivel legal, como se ha visto reflejado en numerosas regulaciones internacionales. En lo tocante al transporte, cabe resaltar la importancia de la distribución de riesgos en el transporte de la carga, que incluye otros subconceptos fundamentales como el seguro de transporte de carga, la responsabilidad por daños o las medidas de seguridad. Sobre la logística en general, es importante mencionar el cumplimiento contractual y de regulaciones, que hace referencia a la resolución de disputas contractuales o la imposición de sanciones por incumplimiento de normas en la distribución de mercancías.

Controversias actuales

La IA presenta algunas controversias legales desde sus primeros pasos, especialmente sobre responsabilidad civil de daños causados por IA y sobre el uso y la generación de datos, aunque dichas controversias seguro que cambiarán en los próximos años por la naturaleza evolutiva de la propia IA.

Sobre la responsabilidad civil de la IA, es fundamental observar cómo las jurisdicciones plantean la cuestión de su personalidad, aunque por el momento no parece que estén dispuestas a reconocerla por defecto. Sobre el uso y la generación de datos nos encontramos con una doble vertiente, activa y pasiva respectivamente, una que se refiere a la propiedad intelectual de las invenciones generadas por una IA, y otra sobre la gestión y protección de los datos con los que se entrenan y que utilizan las IA.

Posibles controversias futuras

Ahora bien, para poder prever dónde tendrá más impacto la IA, conviene echar un vistazo a empresas destacadas que ya la utilicen para mejorar la cadena de suministro de sus clientes.

En los últimos años se ha producido globalmente un aumento notable de la demanda de soluciones de IA en distintos eslabones de la cadena. En el almacenamiento, ya existen IA que optimizan operaciones de almacén o robots que están empezando a gestionarlos con gran eficiencia. En transporte, se evidencia que la utilización de robots entrenados con IA no parece limitarse a los almacenes, sino que también existen lo que podríamos llamar robots de reparto, a lo que hay que añadir la presencia creciente de contenedores inteligentes o IA que optimiza rutas de transporte.

Hay otras IA que ya están afectando transversalmente a la cadena de suministro. En el análisis de datos, encontramos modelos de IA que predicen la demanda de la carga aérea, para la detección de defectos de producción, para localizar fácilmente las mercancías o para establecer precios dinámicos automatizados. Para otras cuestiones como automatizar las gestiones burocráticas o mejorar la atención al cliente también hay soluciones disponibles.

Si bien cada uno de estos avances en los eslabones de la cadena de suministro se desarrollará de manera distinta, la puesta en común de todos ellos pone de relieve los aspectos legales donde es más probable que surja un mayor número de controversias en los próximos años.

Aun así, el camino no es tan sencillo como parece. Hay mucho trabajo que hacer. Por ejemplo, la Comisión Nacional de Transporte de Australia realizó un estudio en relación con los vehículos autónomos y se encontraron más de 700 barreras para el despliegue de vehículos autónomos en las leyes australianas, que están diseñadas sobre la base de vehículos que tienen un conductor humano.

La determinación de la responsabilidad civil por daños es relevante tanto por la personalidad de la IA como por la cuestión contractual en la logística. Esto requiere responder a la gran pregunta de si la IA es algo más que una herramienta, algo que varía según el ordenamiento jurídico que se trate,[3] y a la determinación del riesgo de las funciones que desarrolle la IA. En función de estas cuestiones, se escogerá un sistema de responsabilidad civil que sea coherente desde un punto de vista legal, como una responsabilidad civil objetiva,[4] que puede incluir un seguro por posibles daños de la IA[5] o la creación de una persona electrónica,[6] o una responsabilidad civil por negligencia de

---

[3] Por ejemplo, en el sistema jurídico español, la responsabilidad por daños causados por sistemas de IA aún no está claramente definida.

[4] Se refiere a la obligación de una persona o entidad de compensar a otra por los daños o perjuicios causados, independientemente de si hubo negligencia o culpa por parte del responsable.

[5] Según la *deep pocket theory*, aquellos involucrados en actividades riesgosas y beneficiosas para la sociedad deben compensar los daños, independientemente de sus recursos financieros.

[6] Es importante recalcar que en Derecho hablamos de personalidad como la cualidad de un ente que le permite ser titulares de derechos y obligaciones, siendo algo aplicable a personas y a entidades colectivas.

los humanos a cargo.[7] También será importante el establecimiento de mecanismos legales para poder delinear la trazabilidad de los errores cometidos por IA. Las posibilidades son muy variadas y dependerán de la naturaleza y el desarrollo de cada jurisdicción en particular. Una vez solucionadas estas cuestiones, es probable que la extensa regulación contractual en materia de cadena de suministro pueda solventar gran parte de las disputas con las disposiciones ya existentes.

A pesar de los intentos por unificar la regulación de la propiedad intelectual internacionalmente, esta se construye de una forma distinta en cada país, aunque por lo general requiere la existencia de una invención probada y de una persona inventora que tiene los derechos sobre la misma. Así, aunque haya materia patentable, tiene que existir casi siempre un inventor que sea persona física,[8] algo que no tiene por qué ser así necesariamente, pues, desde un punto de vista técnico, la IA podría ser también creadora por sí de elementos patentables.

La gestión de datos ha sido una de las principales preocupaciones surgidas con la IA desde su explosión en los últimos años, y en el caso de la cadena de suministro puede afectar especialmente. Ya hay varios casos sonados sobre alucinaciones de los modelos de IA generativa[9] o de sesgos en la toma de decisión.[10] Es fundamental reflexionar primero sobre nuestros errores humanos de base, que son precisamente los que se arrastran y se vuelven exponenciales con la tecnología.

---

[7] Implica que una persona o entidad es legalmente responsable de los daños causados debido a su falta de cuidado o negligencia en sus acciones u omisiones, independientemente de dónde se ubique en la cadena de suministro.

[8] Por ejemplo, en el caso español, como se desprende de los artículos 2, 3 y 10.1 de la Ley de Patentes.

[9] Por ejemplo, el caso denunciado por el *Washington Post* en el que un profesor universitario de Derecho se incluyó en una lista de académicos denunciados por acoso utilizando una referencia falsa a este periódico, o de sesgos en la toma de decisión.

[10] Como el caso de Amazon, que desechó una IA para reclutar empleados por mostrar sesgos machistas.

Otra controversia que previsiblemente presentará la IA en la cadena de suministro es la seguridad de la información. En este marco, la seguridad en internet de las cosas (IoT) e internet de las cosas industriales (IioT) cobra relevancia debido a los riesgos de acceso indebido a información sensible y la responsabilidad de las empresas en el tratamiento de datos personales y confidenciales. En principio, la protección de datos parece que es algo ya controlado legalmente en los últimos años en la mayoría de los países, aunque el uso indiscriminado de datos publicados en internet para entrenar modelos de IA generativa parece encontrarse en un limbo legal que debería resolverse con la normativa ya existente.

Las respuestas de las principales jurisdicciones: UE, EEUU y China

Las primeras regulaciones *ad hoc* de IA ya están respondiendo a algunas de las cuestiones controversiales descritas en el apartado anterior,[11] aunque hay algunas jurisdicciones que están siendo más prudentes. En líneas generales, se observan tres direcciones diferenciadas entre sí: la regulación holística de la Unión Europea (UE), el *laissez-faire* sectorial de Estados Unidos y la escalada controlada de China. Probablemente la dirección más inteligente, tras las últimas creaciones legislativas, sea la de la UE, pero siempre y cuando el sistema permita una rápida adaptación a los cambios tecnológicos y se facilite la regu-

---

[11] La serie de casos DABUS se refiere a un sistema de IA creada por Richard Thaler que generó por sí misma dos invenciones. A pesar de los intentos de su creador, las solicitudes de patentes fueron rechazadas en la mayoría de los países donde las pidió debido a la falta de un inventor humano, incluyendo EEUU, Reino Unido y la UE. Sin embargo, cabe mencionar la resolución favorable de Australia o de Sudáfrica.

lación específica de cada subsector. También puede considerarse bien dirigida la actuación en China, que en esencia busca ir regulando las nociones de IA que parecen más permanentes, dejando suficiente espacio a su vez a la innovación. Pero, claro está, siempre que respeten la totalidad de los derechos humanos y escapen de la deriva de querer contolar todo, especialmente a través del reconocimiento facial y la eliminación del sistema de crédito social. De todas formas, existen muchas más jurisdicciones, cada una con sus particularidades y cuestiones de interés.

El efecto Bruselas[12] describe cómo las leyes de la UE, especialmente las digitales, tienden a convertirse en los estándares mundiales. La UE se estableció como regulador digital a finales de la década de 2010 con el Reglamento General de Protección de Datos (RGPD), que se convirtió en el modelo para la mayoría de las leyes de privacidad del mundo. Dada la importancia de la cooperación comercial con otros países, especialmente en Latinoamérica, es probable que sus empresas que deseen operar o seguir operando en la UE necesiten adaptar sus operaciones a los nuevos estándares europeos, acelerando la armonización de las regulaciones de IA. Sin embargo, la UE podría no seguir siendo el regulador digital de referencia en el mundo, como lo es en el ámbito de la protección de datos, debido a su limitada influencia en el campo de la IA frente a China, Estados Unidos, Reino Unido o Israel, entre otros.

Como venimos comentando, existen normas que afectan sustancialmente a la regulación sobre IA, como es el caso de la protección de datos o de la propiedad intelectual. De hecho, hay una cierta correlación entre la severidad con que se tratan estos temas tangenciales y la que están tomando las mismas jurisdicciones en torno a la IA.

---

[12] Término acuñado por la Prof. Anu Bradford.

Sin embargo, todavía no podemos hablar de la existencia de un cumplimiento normativo *(compliance)* de IA que pueda blindar legalmente a las empresas y sus usuarios. Tampoco encontramos todavía, como es lógico, normas específicas para el uso de IA en la cadena de suministro. El estado primitivo de las regulaciones sobre esta materia hace que aún se estén sentando las bases de su regulación y no se plantee en profundidad su regulación en la cadena de suministro. Sin embargo, por todo el mundo la IA está insertándose en el corazón de la logística, e incluso los propios países están impulsando su desarrollo, por lo que comprender los fundamentos de la regulación de IA en cada país puede ser crucial para que desarrolle todo su potencial.

Unión Europea

La Unión Europea siempre se ha caracterizado por su imperante deseo de regular todo lo regulable, como el color que los tomates deben tener para poder comercializarse.[13] Esta tutela protectora del contexto social de la ciudadanía se da tanto en el ámbito normativo como en el judicial, de tal forma que parece que la UE pretende posicionarse como un buen Gran Hermano.

Como viene siendo habitual, la regulación de los diferentes elementos de la cadena de suministro en la UE no se han adoptado de manera conjunta. En su lugar, existen decenas de normas que abordan aspectos específicos como el transporte terrestre o marítimo, o sobre los trámites de aduanas para bienes concretos. Cada país también desarrolla sus propias regulaciones específicas en este ámbito, lo que

---

[13] Reglamento (CE) N.º 771/2009 de la Comisión.

genera una complejidad adicional en la gestión de la cadena de suministro a escala internacional.

En la carrera regulatoria mundial de nuevas tecnologías, es indudable que la UE y sus Estados miembros se encuentran a la cabeza. Para hacer frente a los vertiginosos avances de la tecnología, la UE ha optado en las últimas décadas por anticiparse a su desarrollo total, como es el caso de la protección de datos. Algunos Estados miembros han encontrado una fuente de control inmediato de las IA precisamente a través de la protección de datos, como se vio con la prohibición de ChatGPT en Italia. Otros Estados miembros han optado por empezar a introducir cláusulas expresamente dirigidas a mitigar potenciales efectos negativos de la IA.[14] También se han empezado a establecer agencias gubernamentales dedicadas supervisar la aplicación de la normativa en materia de IA, la primera de ellas en España.

Sin embargo, la piedra angular de la legislación europea sobre IA se encuentra en el Reglamento de IA, la primera ley exhaustiva sobre esta cuestión de un regulador importante de cualquier lugar del mundo. La norma delinea los requisitos que los sistemas de IA deben cumplir para poder participar en el mercado de la UE en función del riesgo que representen (bajo, alto o inaceptable). Cabe destacar que la irrupción en masa de inteligencias artificiales generativas, como Bard (hoy Gemini) o DALL·E, entre otras muchas, provocó que la UE creara una categoría especial para calificar el riesgo de las IA generativas según sus consecuencias potenciales.

---

[14] Por ejemplo, en España, se ha añadido una letra d) al art. 64.4 de Estatuto de los Trabajadores. Esta cláusula, pionera en su clase, da derecho al comité de empresa de conocer «los parámetros, reglas e instrucciones en los que se basan los algoritmos o sistemas de inteligencia artificial que afectan a la toma de decisiones que pueden incidir» en los empleos de los trabajadores.

El Reglamento de IA, junto con otras normas en vigor o en desarrollo por la UE, permiten entrever posiciones doctrinales que la UE parece haber ya tomado. Una de las más relevantes es la de no considerar la IA como una persona propia, como lo son las personas físicas y jurídicas, sino como una herramienta con algunas características especiales. Dentro de la dicotomía producto/servicio,[15] la UE se decanta por la calificación de los sistemas de IA como productos, conformando la responsabilidad civil objetiva cuando la IA causa daños,[16] lo cual no parece una solución acertada teóricamente hablando.[17] En este sentido, habrá que esperar que la futura norma sobre responsabilidad civil en materia de IA delimite bien todas estas cuestiones.

En cualquier caso, parece que no encontraremos una regulación única sobre la IA en la cadena de suministro. Lo que parece más plausible es que ambas regulaciones continúen su desarrollo hasta eventualmente converger. Esta convergencia vendrá a través de la inclusión de cláusulas sobre IA, probablemente no muy explícitas, en la normativa sobre la cadena de suministro, la cual de todas formas se mantendrá diferenciada del Reglamento de IA. Mientras tanto, la UE seguirá promocionando el uso de IA en la cadena de suministro, incluso en su propio sistema aduanero.

---

[15] El TJUE ya puso de relevancia la distinción entre producto y servicio para establecer la responsabilidad de los daños causados por productos defectuosos. Para profundizar más en este punto, sugerimos comprobar el caso Krone Verlag (asunto C-65/20).

[16] Cuando esto ocurra, el responsable de los daños será el agente humano, independientemente de que pruebe que ejerció del debido cuidado y diligencia. Sin embargo, no se ha aclarado todavía si será responsabilidad del fabricante, del operador, del usuario o del programador, o dependerá de cada caso.

[17] La responsabilidad civil objetiva nació en EEUU con la producción en masa, donde no tenía más sentido establecer responsabilidades según el resultado (producto) en vez que en el proceso (fabricación). Los sistemas de IA no parece que todavía cumplan estas condiciones.

Estados Unidos de América

Estados Unidos, al menos a nivel de planteamiento, también se ha referido a la relevancia de controlar los peligros de la IA, pero todavía no se pronuncian sobre regulaciones expresas.

De manera similar a la UE, la cadena de suministro en EEUU está regulada por una combinación de regulaciones, incluyendo leyes federales y estatales, decretos ejecutivos y normativas específicas del sector.

En línea con lo que proponen líderes empresariales en IA como Sam Altman, parece que los legisladores y tribunales estadounidenses optarán por delegar su control a las empresas para que se regulen según dicte el mercado. De momento, hemos asistido a ciertas actividades preliminares y sectoriales[18] que nos sugieren que este será el camino tomado por este país para los próximos años. Sí que existen algunas regulaciones estatales contra la discriminación efectuada por herramientas de IA,[19] pero la mayor parte de las regulaciones son de *soft law.*[20] De todas formas, el sistema jurídico de este país es de corte anglosajón,[21] lo que significa que las sentencias judiciales definirán

---

[18] Aquí encontramos las órdenes ejecutivas de Joe Biden en las que pide a las agencias gubernamentales que implementen IA en sus sistemas en una forma que «avance la equidad». Cabe destacar el Marco de Gestión de Riesgos de la IA, desarrollado por la agencia gubernamental NIST, que busca ayudar a las empresas tecnológicas a gestionar los riesgos asociados a los sistemas de IA, fomentando la confianza y el desarrollo responsable de la IA. A su vez, existen otros proyectos también poco aplicables en la práctica como el Anteproyecto de Carta de Derechos de la IA.

[19] En Nueva York, la Ley Local 144 requiere una auditoría de sesgo en herramientas de empleo. En Colorado, el SB21-169 protege contra discriminación en seguros con IA. En California, la AB 331 exige evaluaciones de impacto en herramientas automatizadas.

[20] Las regulaciones *soft* se refieren a normativas o directrices que no son legalmente vinculantes y ofrecen recomendaciones o principios que las organizaciones pueden optar por seguir de manera voluntaria.

[21] Los sistemas anglosajones, en muy resumidas cuentas, permiten a los tribunales establecer posicionamientos con mayor libertad que los sistemas continentales. En EEUU, tiene mucha relevancia la jurisprudencia dictada por la Corte Suprema.

en gran medida los límites de la IA en general y, en particular, en la cadena de suministro.

En este sentido, ya encontramos demandas que tratan algunos puntos conflictivos de la IA, especialmente la propiedad intelectual y los derechos de autor. Se han interpuesto demandas colectivas y acciones contra los creadores[22] de algunas de las IA generativas más populares como ChatGPT, Stability AI o Midjourney por el uso indiscriminado de datos protegidos bajo derechos de autor publicados en internet sin consentimiento para su propio beneficio. Estas se centran en la forma negligente de entrenar a los modelos detrás de la generación,[23] los derechos de autor de los datos usados para dicho entrenamiento,[24] la naturaleza del resultado solicitado por el usuario[25] y el enriquecimiento injusto derivado de la comercialización de estos modelos.[26] De momento, no hay posiciones claras al respecto de estas cuestiones.

Es posible que el avance tan vertiginoso de la IA y la existencia de tantas zonas grises en su naturaleza acabe por forzar al legislador estadounidense a crear regulaciones sólidas para poder evitar los perjuicios que pueda causar la IA. No parece probable que se llegue a considerar

---

[22] La mayor parte de estas demandas cubren una amplia gama de reclamos, ya que los primeros casos serán los que establezcan qué reclamaciones en concreto tienen recorrido según el tipo de caso.

[23] En el caso Thomson Reuters Enterprise Centre GmbH *et al.* vs. ROSS Intelligence Inc., Thomson Reuters alegaba que ROSS había copiado una de sus bases datos para entrenar su IA generativa de estudios legales.

[24] En el caso J.L., C.B., K.S. *et al.* vs. Alphabet, Inc. *et al.*, los demandantes alegaron la recolección de datos no consentidos por los usuarios (información, fotografías, correos electrónicos, ...) por parte de Google para entrenar sus IA como Bard, resultando en invasión de la privacidad o infracción de *copyright,* entre otros.

[25] En el caso Young vs. NeoCortext, Inc., la parte demandante acusó a la demandada por permitir a los usuarios intercambiar sus caras con personas famosas sin el consentimiento de estas.

[26] En el caso Tremblay vs. OpenAI, la parte demandante acusó de enriquecimiento injusto a la parte demandada, ya que al utilizar sus trabajos para capacitar a la IA privaba a la parte demandante de beneficios derivados de su trabajo.

seriamente la promulgación de una ley similar a la de la UE que regule la inteligencia artificial a escala federal, y tampoco existen leyes estatales significativas al respecto, aunque algunas leyes de privacidad pueden aplicarse a la IA en ciertos casos.

China

Las circunstancias en China son sustancialmente distintas. El control estatal sobre la mayor parte de la vida diaria de la sociedad no solo implica que se restrinja el libre uso de la IA, sino que además favorece dicho control por parte de las autoridades. De todas formas, uno de sus objetivos fundamentales es la innovación tecnológica a través de la IA, ya que será uno de los medidores más relevantes de éxito geopolítico de las próximas décadas.

La cadena de suministro en China está regulada por una serie de leyes y reglamentos que tienen como objetivo garantizar la seguridad, la calidad y la eficiencia de las operaciones. En breve, la regulación de la cadena de suministro en China es muy completa y compleja.

De todas formas, el desarrollo de las normas de IA en China cuenta con una estructura superior a la de la UE y EEUU. Por una parte, en vez de afrontar en un solo bloque la regulación de la IA, han optado por fortalecer tres de sus pilares, que además parece que no cambiarán sustancialmente en el corto y medio plazo: algoritmos de recomendación, síntesis profunda e IA generativa. Por otra parte, parece que no se dejará llevar por la inactividad del legislador de EEUU, lo que previsiblemente evitará abusos por parte de individuos y organizaciones malintencionadas, que los hay.

Al igual que la UE, China ha sido de los primeros regímenes jurídicos en adoptar regulaciones para tratar de controlar la explosión de las IA, aunque desde un enfoque mucho más maduro. Sus tres regulaciones principales[27] tienen como objetivo primordial el control de la información, pero también incluyen otras disposiciones importantes. Se requiere que los desarrolladores se inscriban en el registro de algoritmos de China, un nuevo repositorio gubernamental que recopila información sobre cómo se entrenan los algoritmos, además de pasar una autoevaluación de seguridad.

A diferencia de la UE, China califica las herramientas IA como servicios y denota como responsables civiles a las empresas que ofrecen el servicio de IA. No obstante, también es relevante mencionar que, mientras en la UE se ha prohibido expresamente el uso de herramientas de IA de identificación biométrica de personas, uno de los objetivos primordiales de las autoridades chinas es que la IA facilite precisamente esa vigilancia sobre la ciudadanía. Esta búsqueda de un control total de las personas conlleva un empleo ajeno a la ética de la IA que distorsiona su finalidad y esperemos que no sea copiado en otras jurisdicciones.

El proceso de enfocar la IA parece tomar la misma trayectoria que la de la normativa china sobre internet. Durante gran parte de la década de 2000 y principios de 2010, la gobernanza china de internet adoptó la forma de normativas limitadas emitidas por los ministerios del gobierno. A medida que se acumulaban esas normativas específicas, el Estado chino empezó a formular una legislación más amplia que se basaría en esas normativas: la Ley de Ciberseguridad de China de 2017. Ahora el país asiático parece estar siguiendo el mismo plan para la IA, aunque con un calendario acelerado, como manda la tecnología. Dentro de este plan, parece que la IA en general, y específicamente en la cadena de suministro, se regulará a medida que se vaya desarrollando en regulaciones concretas hasta que haya una base suficiente como para codificar una norma única.

---

[27] Estas son las normas para algoritmos de recomendación, la regulación de síntesis profunda y la regulación de IA generativa.

Otras jurisdicciones

Como EEUU, muchos países todavía se muestran reacios a regular fuertemente la IA, por lo que mucho menos el uso de IA en la cadena de suministro. La estrategia de IA de Reino Unido pasa por basarse en la normativa existente en lugar de crear nuevas leyes. Conscientes del impacto que la IA tendrá desde el corto plazo, como en los medios de transporte, han optado por tomar una aproximación adaptable a la regulación de la IA según cada sector.

Otro país puntero en IA a escala mundial como lo es Israel está tomando un camino similar al de Reino Unido. No prevé promulgar una regulación troncal como el Reglamento de IA, sino que desarrollará las regulaciones concretas según las necesidades de cada sector.

Japón ha desvelado su intención de seguir un camino similar de eventual regulación sectorial, aunque con regulaciones que activamente favorezcan el desarrollo de IA que previsiblemente tengan un impacto positivo en la sociedad. No existen regulaciones que prohíban a nivel general el uso de IA, aunque sí que obliga a las empresas a hacer frente a riesgos como la violación de los derechos de autor o que imponen obligaciones de transparencia.

También hay que destacar a India, cuya posición ha oscilado entre dos extremos: desde la ausencia de regulación hasta regular con un planteamiento «basado en el riesgo y sin perjuicios».

Y ahora...

¿Qué?

Pese a que muchos países todavía ni si quiera hayan empezado a regular la IA, esto no significa que no perciban los riesgos a medio y largo plazo que esta tecnología acarrea. Los grandes riesgos de la IA en la cadena de suministro incluyen el afianzamiento de la discriminación social, la generación de desempleo masivo, el apoyo a la vigilancia opresiva y la violación de las normas de la guerra. Estos riesgos podrían tener consecuencias significativas para la sociedad y, si no se gestionan adecuadamente, podrían conducir a amenazas existenciales para la humanidad. En el contexto de la cadena de suministro, los sistemas de IA no regulados podrían exacerbar las desigualdades existentes, perturbar los mercados laborales y permitir una vigilancia invasiva de personas y organizaciones.

Si apoyamos el ingreso de la IA en la cadena de suministro, su impacto potencial puede ser mayúsculo. Por ejemplo, en las últimas décadas, el transporte marítimo se ha vuelto cada vez más complejo debido a las normativas, la opacidad de la propiedad y otros problemas. La IA tiene la posibilidad de ayudar a las empresas transportistas a rastrear los productos, garantizar el cumplimiento de la normativa y sortear estas complejidades, siempre y cuando haya una regulación uniforme a escala internacional que dirija los esfuerzos conjuntos.

Independientemente de las normas que vayan imponiendo los distintos sistemas jurídicos, las empresas cuentan con cada vez más incentivos de negocio para crear IA éticas. La mayor información en manos de los consumidores les otorga mayor poder de decidir si quieren utilizar IA éticamente reprobables o no, dándole ventaja a aquellas que cumplan con los estándares necesarios. En este sentido, las empresas tecnológicas ya están trabajando en facilitar el entendimiento a los humanos de los procesos de decisión de la IA a través de más capas de aprendizaje profundo. Está por ver en qué se traducen sus progresos.

Ahora bien, si conseguimos construir sistemas jurídicos que limiten los riesgos inaceptables de los sistemas de IA y que al mismo tiempo potencien su desarrollo justificando su impacto positivo en la sociedad, los beneficios de la IA pueden hacer de los riesgos algo insignificante (aunque nunca inexistente). Pensemos en cadenas de suministro hiper eficientes que hagan posible el fin del hambre en el mundo o en robots autónomos que hagan llegar bienes esenciales a donde antes no llegaban. Imaginemos que el control de nuestras emisiones contaminantes nos permite devolver más al planeta de lo que le quitamos. Podemos ver a la IA como la llave para eliminar tareas repetitivas y mecánicas de la fuerza laboral, y así abrir espacio para la generación de trabajos más creativos y gratificantes, que requieran habilidades humanas únicas. Una regulación visionaria puede llevarnos a una sociedad en que la toma de decisiones esté respaldada, aunque no dirigida, por la inteligencia artificial, permitiendo que individuos y organizaciones tomen elecciones más informadas y acertadas para el beneficio común.

La regulación también tiene el poder de abordar las externalidades negativas que la IA podría ocasionar en la cadena de suministro. La creación de una renta básica universal para aquellos desplazados por la automatización y la IA podría mitigar los impactos adversos en la fuerza laboral, garantizando una transición más equitativa y segura hacia un futuro impulsado por la tecnología. Como siempre ocurre, la tecnología no es mala de por sí, sino que es su uso el que puede provocar resultados catastróficos. En última instancia, el papel de la regulación como catalizador para aprovechar los avances de la IA en beneficio de todos no solo radica en establecer límites, sino también en forjar un marco que promueva la equidad, la sostenibilidad y la prosperidad compartida en esta nueva era tecnológica.

¿Cómo?

Evidentemente, la solidez de las regulaciones está íntimamente ligada a su seguridad jurídica. La seguridad jurídica en un área como la IA se puede definir como la existencia de un marco normativo claro, coherente y predecible que garantice los derechos y las obligaciones de todas las partes involucradas, proporcionando mecanismos efectivos para la resolución de conflictos. Un marco normativo *claro* se logra creando normas no ambiguas que permitan interpretaciones, pero no desvirtuar lo que es cada cosa. Un marco normativo *coherente* es aquel en el que, dadas unas condiciones similares, la solución jurídica va a ser similar. Un marco normativo *predecible* se consigue basándose en estructuras normativas e interpretaciones jurídicas clave en un ordenamiento jurídico. Solo así se podrá asegurar que empresas, personas usuarias e instituciones jurídicas cuenten con las herramientas suficientes como para desarrollar las enormes ventajas que ofrece la IA para la cadena de suministro.

Ahora bien, la seguridad jurídica no implica necesariamente la burocratización de la IA. Probablemente el reto más difícil de cualquier norma de IA sea el de balancear seguridad e innovación. Cada ordenamiento jurídico cuenta con sus propias particularidades, pero intuimos que las cuestiones más relevantes que afectarán a la IA en la cadena de suministro serán sobre la responsabilidad civil, la propiedad intelectual, la gestión de datos y la seguridad de la información. Parece improbable que los países vayan a crear una «personalidad autónoma» para los sistemas de IA, aunque el esquema de responsabilidad por daños causados por estos sistemas dependerá de cada ordenamiento.

En la misma línea, tampoco parece que las legislaciones vayan a reconocer por defecto la propiedad intelectual para la IA, entre otras cosas porque generalmente la propiedad requiere personalidad, aunque algunos países como Australia o Sudáfrica estén explorando otras vías. La gestión de datos por la IA previsiblemente diferirá entre jurisdicciones, aunque está claro que todas tratarán de equilibrar la profundidad de los resultados del trabajo de la IA con las alucinaciones y los sesgos que pueda mostrar. El punto que parece más controlado es el de la seguridad de la información, ya que las normativas de protección de datos, acompañadas por el avance de la ciberseguridad IT/OT para las empresas, forman unos cimientos bastante fuertes. De todas formas, las peculiaridades de cada ordenamiento jurídico definirán más concretamente las normas del juego de la IA.

La naturaleza de la IA parece indicar que el camino hacia la regulación más correcto, desde una perspectiva objetiva, es el de la UE, pero siempre y cuando sean capaces de crear normas secundarias por sectores que se adapten rápidamente a los cambios. Lo importante será evitar que el desarrollo exponencial e imprevisible de la IA dificulte mucho la tarea de crear un marco normativo ágil y amplio que no distorsione la innovación. La falta de regulación sólida que caracteriza a EEUU y otros países punteros en IA a escala mundial tampoco parece una solución que comprenda los riesgos ya existentes de la IA. El camino chino, caracterizado por un progresivo descubrimiento de qué es lo que se solidifica de la IA, no es mala alternativa, si trae más seguridad jurídica, pero siempre que sean capaces de obviar el control de las personas como objetivo de la regulación y respeten de forma clara los derechos humanos.

¿Quién?

Lo complicado de este asunto está en comprender cómo evolucionará la situación mundial, aunque parece que la seguridad jurídica no llegará a ser internacional. Sin entrar a valorar cuestiones geopolíticas, que no es la intención de este libro, lo cierto es que la globalización nos exige conocer la legislación de diversos países, y eso es algo muy complejo. Además, parece que la fragmentación de las esferas de influencia internacionales puede complicar todavía más esta ecuación.

Los expertos jurídicos en el campo de la tecnología que asesoran en contratos de IA tienen una oportunidad de liderazgo única, ya que las cuestiones legales y normativas en estos acuerdos están interconectadas y no se alinean fácilmente con las funciones corporativas existentes. Por ejemplo, una herramienta de IA para gestionar el inventario de piezas de repuesto plantea problemas de privacidad de datos y competencia, así como la idoneidad de la IA para su propósito. Estas cuestiones involucran aspectos legales, de cumplimiento, contractuales, comerciales, relaciones públicas y estrategia corporativa. Por lo tanto, los abogados deben involucrar a las partes interesadas relevantes para abordar estos problemas de manera efectiva.

En un mundo tan complejo como el actual, el lugar para la esperanza sobre acuerdos internacionales vinculantes sobre IA parece ínfimo. No existe ni siquiera un marco internacional común y completo que regule todas las cadenas de suministro a escala global. Hay varias iniciativas, normas y regulaciones internacionales que abordan aspectos específicos de las cadenas de suministro, como el trabajo decente, la seguridad y la sostenibilidad ambiental. Sin embargo, la inexistencia de un marco internacional provoca la falta de coordinación y estandarización en las prácticas de la cadena de suministro.[28]

En cualquier caso, hay que dar los pasos correctos para evitar que nadie se quede atrás. Las regiones con mayor nivel de digitalización son Europa Occidental, América del Norte, Sudeste de Asia y partes de Oceanía,[29] las cuales cuentan también con la gran mayoría de potencias. Con el crecimiento de la concienciación de muchas de estas sociedades en los últimos años, existe una oportunidad única y real en la historia reciente para promover un cambio que incluya a todo el mundo (literalmente).

---

[28] Según un estudio realizado por la Conferencia de las Naciones Unidas sobre Comercio y Desarrollo (UNCTAD), la contracción de la producción en China debido a la covid-19 causó una pérdida estimada de 50.000 millones de dólares en la economía mundial.

[29] El resto de los países del mundo, además de mostrar variaciones interregionales significativas, no tienen posibilidad de alcanzar un alto nivel de desarrollo, empezando por el hecho de que la tecnología tiene un fuerte componente de acumulación.

Es esencial lograr un consenso global en las regulaciones de la IA, especialmente en áreas internacionales como la cadena de suministro. La colaboración internacional se está centrando en establecer estándares y buenas prácticas para la gobernanza de la IA, lo que podría facilitar su interoperabilidad a escala mundial. Compartir experiencias y mejores prácticas entre países es un primer paso para establecer regulaciones basadas en necesidades concretas y proporcionales, que aporten una fuerte seguridad jurídica a la sociedad. Una cierta estandarización internacional podría promover un uso responsable y socialmente evaluado de la IA, y la aspiración a lograr interoperabilidad en la gobernanza de la IA requerirá mecanismos para reconocer certificaciones y procesos de un país en otro. Esta colaboración internacional es fundamental para abordar la complejidad de regular la IA y promover su uso responsable en todo el mundo.

La principal vía para la esperanza que podemos encontrar está en que el acuerdo internacional ya no es una cuestión de opción, sino una cuestión de necesidad. Si tenemos en cuenta la globalización de la cadena de suministro en las últimas décadas, podemos fácilmente prever que la falta de armonización de las regulaciones sobre IA en la cadena de suministro podría ser muy perjudicial para todas las partes. De todas formas, también existe la posibilidad de que la propia globalización se polarice hasta dejar de ser «global». Esto provocaría que no tendría que haber consenso internacional sobre el uso de la IA en la cadena de suministro. Es un escenario que, si bien entabla también sus riesgos, no tiene por qué necesariamente ser peor.

¿Cuándo?

Es evidente que el proceso de regulación de la IA ya ha comenzado en algunos lugares y que es cada vez más urgente. Como ya hemos visto en capítulos precedentes de este libro, la IA ya está siendo utilizada en diversas áreas de la cadena de suministro, desde la gestión de inventario hasta el seguimiento de productos y la garantía de cumplimiento normativo. Sin embargo, la falta de regulación puede llevar a problemas como la exacerbación de las desigualdades existentes, la perturbación de los mercados laborales y la posibilidad de una vigilancia invasiva de personas y organizaciones. El derecho llega por definición más tarde que la tecnología, pero la IA avanza a velocidades tan vertiginosas que esperar unos años supone llegar demasiado tarde. La IA es un punto de inflexión para toda la sociedad, por lo que dar correctamente los primeros pasos nos puede abocar al precipicio[30] o a un mundo más justo.

---

[30] Como señala el libro *The Precipice* del filósofo australiano Toby Ord.

Tecnologías para liderar el futuro

Marc Busom

Manual del comercio electrónico

Eva María Hernández Ramos, Luis Carlos Hernández Barrueco

Logística urbana. La ciudad en la cadena de suministro

Ignasi Ragàs

Cadena de suministro 4.0

Alberto Tundidor, Eva María Hernández, Cristina Peña, Javier Martínez, Javier Campos, Luis Carlos Hernández

Manual de estrategia de operaciones

Ángel Caja Corral

Cadena de suministro. Principios, máximas y recomendaciones

Luis Aníbal Mora García

Logística inversa en la gestión de la cadena de suministro

Domingo Cabeza

Mediciones e instrumentación. Metrología, modelación, sensórica

Luis Enrique Martín Santamaría

La cadena de suministro

Federico Sabrià, Iese Publishing

**Cómo gestionar la cadena
de suministo**
Ed Weenk

**Digitalizar la gestión
del transporte**
David Soler

**Estrategia = Ejecución.
El método para mejorar,
renovar e innovar
en la era digital**
Jacques Pijl

**Productos y servicios
inteligentes y sostenibles**
Llorenç Guilera, Antoni Garrell

**La Industria 4.0
en la sociedad digital**
*Antoni Garrell Guiu,
Llorenç Guilera Agüera*

**Economía circular.
Un enfoque práctico para
transformar los modelos
empresariales**
Rozanne Henzen, Ed Weenk

**Mass customization.
Las claves de la
personalización masiva**
Blas Gómez

**Planificación de ventas
y operaciones.
S&OP en 14 claves**
Cristina Peña Andrés

**Gestión de inventarios.
Métodos cuantitativos**
Marco Espejo González

Tel. +34-931 429 486 – marge@margebooks.com – www.margebooks.com